Claus Gigl, Jens Sieberns

Deutsch

Gymnasium 5. Schuljahr

TRAINING

Klett Lernen und Wissen

Bibliographische Information Der Deutschen Bibliothek
Die Deutsche Bibliothek verzeichnet diese Publikation in der Deutschen Nationalbibliographie; detaillierte bibliographische Daten sind im Internet über http://dnb.ddb.de abrufbar.

Auflage 4. 3. 2. | 2009 2008 2007
Die letzten Zahlen bezeichnen jeweils die Auflage und das Jahr des Druckes.
Dieses Werk folgt der reformierten Rechtschreibung und Zeichensetzung. Ausnahmen bilden Texte, bei denen künstlerische, philologische oder lizenzrechtliche oder andere Gründe einer Änderung entgegenstehen.

Internetadresse: www.klett.de
Zeichnungen: S. 7, 39, 43, 68, 93, 115, 118, 127: Naomi Fearn, Berlin; S. 46, 54, 79, 139, 187: Barbara Gerth-Mohr, Hamburg
S. 99: e. o. plauen: „Vater und Sohn" in: Gesamtausgabe Erich Ohser, Südverlag GmbH, Konstanz, 2000
Umschlaggestaltung: VIER FÜR TEXAS Ideenwerk, Frankfurt/Main
Satz: Klaus Bauer, Bondorf
Reproduktion: Meyle + Müller, Medien-Management, Pforzheim
Druck: Mediahaus Biering GmbH, München
Printed in Germany.
ISBN-13: 978-3-12-927047-9
ISBN-10: 3-12-927047-7

9 783129 270479

Vorwort 6

Rechtschreibung

1 Dehnung und Schärfung 8
1.1 Lang gesprochener Vokal mit Dehnungs-h 9
1.2 Der lange i-Laut 11
1.3 Doppelvokale 12
1.4 Kurz gesprochene Vokale 13
Checkliste 15

2 Leicht zu verwechselnde Laute 18
2.1 ai und ei 18
2.2 äu und eu 20
2.3 ä und e 21
2.4 b, d, g – p, t, k 22
Checkliste 24

3 s-Laute (s, ss, ß) 26
3.1 Stimmhaftes und stimmloses „s“ 26
3.2 das oder dass? 29
Checkliste 31

4 Groß oder klein? 34
4.1 Satzanfänge und Nomen 34
4.2 Aus Verben werden Nomen 36
4.3 Aus Adjektiven werden Nomen 38
4.4 Anredepronomen 40
Checkliste 41

Grammatik und Zeichensetzung

1 Wortarten 44
1.1 Das Nomen und seine Formen 44
1.2 Pronomen 49
1.3 Das Adjektiv 52
1.4 Die Präposition 55
Checkliste 57

2 Eine Wortart für sich: Verben 62

2.1 Die Personalform des Verbs 62

2.2 Die Zeitformen des Verbs: Präsens und Präteritum 64

2.3 Die Zeitformen des Verbs: Perfekt, Plusquamperfekt und Futur 66

Checkliste 69

3 Satzlehre 72

3.1 Einfache Sätze und ihre Satzschlusszeichen 72

3.2 Satzreihe und Satzgefüge 74

Checkliste 76

4 Satzglieder 78

4.1 Prädikat und Subjekt 78

4.2 Das Objekt 81

4.3 Adverbiale Bestimmungen 84

Checkliste 86

5 Zeichensetzung 88

5.1 Das Komma bei Aufzählungen 88

5.2 Die Zeichensetzung bei der wörtlichen Rede 89

Checkliste 91

Verfassen von Texten

1 Erzählen 94

1.1 Die Erlebniserzählung 94

1.2 Die Fantasieerzählung 96

1.3 Die Bildergeschichte 98

1.4 Die Nacherzählung 100

Checkliste 102

2 Informieren 106

2.1 Über ein Ereignis berichten 106

2.2 Einen Gegenstand beschreiben 108

Checkliste 110

3 Appellieren 112

3.1 Einen Leserbrief schreiben 112

Umgang mit Texten

1 Sachtexten Informationen entnehmen 116

1.1 Markieren und notieren 116
1.2 Gliedern und Zwischenüberschriften finden 119
Checkliste 121

2 Literarische Gattungen unterscheiden 124

2.1 Die Erzählung 124
2.2 Märchen und Sage 126
2.3 Gedichte 129
Checkliste 131

3 Literarische Texte verstehen 132

3.1 Erschließungsfragen stellen 132
3.2 Die Handlung erfassen 134
3.3 Inhaltliche Zusammenhänge erkennen 137
3.4 Zusammenhang von Inhalt und Form erkennen 139
Checkliste 141

Lösungen 145

Sachregister 189

Inhalt Training Deutsch 6. Sj. 190

Quellenverzeichnis 192

Alle Tests auf einen Blick	Seite
Rechtschreibung	S.16, 25, 32, 42
Grammatik und Zeichensetzung	S.58, 70, 77, 87, 92
Verfassen von Texten	S.103, 111, 114
Umgang mit Texten	S.122, 142

Liebe Schülerin, lieber Schüler,

mit diesem Buch wollen wir dich durch das 5. Schuljahr begleiten und dir helfen, wichtige Themen des Deutschunterrichts zu wiederholen. Es ist ein Übungsbuch und sieht darum etwas anders aus als die Schulbücher, mit denen du bislang gearbeitet hast. Du wirst dich aber schnell zurechtfinden.

Lies zunächst die **Regeln** und **Tipps**, die unter der Überschrift **Wissen** zusammengestellt sind. Dort erfährst du, worauf du in den einzelnen Kapiteln besonders achten musst.

Zahlreiche **Übungen** helfen dir dann, die Regeln und Tipps anzuwenden. Deine Lösungen kannst du oft gleich in das Buch eintragen.

Mit den **Checklisten** und **Testaufgaben** am Ende der Kapitel kannst du noch einmal kontrollieren, ob du wirklich alle Regeln beherrschst. Dabei hast du auch die Möglichkeit, deine Antworten selbst zu bewerten.

Es gibt in diesem Buch auch Übungen, mit denen du das Schreiben von eigenen Texten trainieren kannst. Lege dafür ein **Trainingsheft** an und trage deine Ausarbeitungen dort ein. Vergleiche sie anschließend mit den **Lösungsvorschlägen** im letzten Teil des Bandes. Deine Formulierungen werden nicht immer mit den Vorschlägen übereinstimmen. Du kannst mit Hilfe der Lösungsvorschläge aber überprüfen, ob du in deinen Texten alle wichtigen Gesichtspunkte berücksichtigt hast.

Solltest du ein Thema aus deinem Deutschunterricht nicht in diesem Band finden, so kannst du am Ende des Buches im Inhaltsverzeichnis von „Training Deutsch, 6. Schuljahr" nachschlagen, ob es dort behandelt wird.

Sicher wirst du mit dem „Trainingsband Deutsch" bald deine Noten verbessern.

Wir wünschen dir viel Erfolg!

Rechtschreibung

1 Dehnung und Schärfung

Alle gesprochenen Wörter in der deutschen Sprache setzen sich aus verschiedenen Lauten zusammen.
Jedes deutsche Wort enthält mindestens einen **Vokal**. So bezeichnen wir die Selbstlaute, die man alleine sprechen kann (a, e, i, o, u).
Der Vokal kann hinter oder vor einem oder mehreren **Konsonanten** stehen. So bezeichnen wir die Mitlaute, die wir nur zusammen mit einem Vokal aussprechen können (z.B. b, d, k, m, p, r, s, w).
Anstelle eines Vokals kann auch ein **Umlaut** (ä, ö, ü) oder ein **Doppellaut** (ai/ei, au, eu/äu) stehen. Umlaute und Doppellaute wirken beim Sprechen wie Vokale.

Die Schreibweise vieler Wörter richtet sich danach, ob die Vokale **lang** oder **kurz** gesprochen werden. Lang gesprochene Vokale betonen wir durch **Dehnung**, kurz gesprochene Vokale dagegen durch **Schärfung.**
Wörter mit kurz gesprochenem Vokal lassen sich auch beim Schreiben an **Schärfungszeichen** erkennen.
Im Unterschied dazu erfolgt die Schreibweise von Wörtern mit lang gesprochenem Vokal **mit und ohne Dehnungszeichen**.
Daher lassen sich keine durchgehenden Regeln für die Schreibweise lang gesprochener Vokale aufstellen. Du kannst dich aber an folgenden Kennzeichen orientieren:

- Bei den meisten Wörtern werden die jeweils lang gesprochenen Vokale *a, e, o, u* oder lang gesprochenen Umlaute *ä, ö, ü* **ohne Dehnungszeichen** nur mit dem **Einzelbuchstaben** geschrieben.
  Beispiele: **A**bend, R**e**gen, r**o**t, r**u**fen, B**ä**r, l**ö**sen, **ü**ber
- Bei einer Vielzahl von Wörtern werden die jeweils lang gesprochenen Vokale *a, e, o, u* oder lang gesprochenen Umlaute *ä, ö, ü* zusätzlich **mit Dehnungs-h** geschrieben.
  Beispiele: Za**h**n, s**eh**r, L**oh**n, **Uh**r, w**äh**rend, R**öh**re, r**üh**ren
- In den meisten Wörtern mit dem lang gesprochenen Vokal i wird dieser **mit Dehnungs-e** als **ie** geschrieben. In einigen Wörtern wird auch nur der **Einzelbuchstabe** verwendet, noch seltener das **Dehnungs-h**.
  Beispiele: F**ie**ber, B**i**ber, **ih**m
- In einigen Wörtern werden die lang gesprochenen Vokale *a, e, o* als **Doppelvokale** geschrieben.
  Beispiele: S**aa**l, B**ee**t, M**oo**s

1.1 Lang gesprochener Vokal mit Dehnungs-h

Wenn auf einen lang gesprochenen Vokal oder Umlaut einer der **Konsonanten l, m, n** oder **r** folgt, wird beim Schreiben dazwischen ein **Dehnungs-h** eingefügt. Beim Sprechen ist es nicht zu hören.

Beispiele: Wa**hl**, Le**hm**, So**hn**, U**hr,** gä**hn**en, Mö**hr**e, fü**hl**en

Das Dehnungs-h bleibt in allen Wörtern derselben **Wortfamilie** erhalten.

Beispiel: Wa**hl** – Wa**hl**freiheit – wä**hl**en – wä**hl**erisch

Die meisten Endungen von Fremdwörtern kommen ohne Dehnungs-h aus, auch wenn sie einen lang gesprochenen Vokal enthalten.

Beispiele: Mediz**i**n, Krokod**i**l, spont**a**n, Phant**o**m

Verwechsle das Dehnungs-h nicht mit dem **silbentrennenden h**. Dieses steht immer zwischen einem langen und einem kurzen Vokal und leitet eine neue Sprechsilbe ein. Du sprichst das silbentrennende h mit und schreibst es bei der Worttrennung als ersten Buchstaben zu Beginn der neuen Zeile.

Beispiele: ste-**h**en, ru-**h**en, Krä-**h**e, sprü-**h**en

1

Ergänze die richtige Schreibweise.

a oder ah?

der H_____n der Vorn_____me der Kr_____n

die B_____r die W_____l der W_____l

ä oder äh?

die Tr_____ne die Geb_____rde ungef_____r

j_____rlich sch_____len z_____len

e oder eh?

der Verk_____r der H_____ring die Sch_____re

s_____lig vorn_____m s_____nen

o oder oh?

die Kr_____ne das _____r h_____l

der Fl_____ der L_____n die Pers_____n

ö oder öh?

die H_____le die M_____re das Nadel_____r

fr_____lich str_____men vers_____nen

u oder uh?

der St_____l die _____r bes_____chen

der Z_____fall das Bl_____t der Fl_____r

ü oder üh?

k_____l die T_____te die Geb_____r

eigent_____mlich die G_____te die B_____ne

2

Dehnungs-h oder silbentrennendes h? Trenne nach Sprechsilben und trage das Verb mit Trennzeichen in die richtige Spalte der Tabelle ein.

zählen – mähen – verzeihen – nehmen – dröhnen– führen – blühen – drohen – ehren – leihen

Dehnungs-h	silbentrennendes h
zäh-len	

1.2 Der lange i-Laut

In der Mehrzahl aller Fällen wird das lang gesprochene i im Wortinnern als -**ie** geschrieben.

Beispiele: s**ie**ben, L**ie**be, s**ie**gen, h**ie**r, Sch**ie**ne

Auch bei **Fremdwörtern** schreibst du das lang gesprochene i am Wortende meistens als -**ie.**

Beispiele: Geographie (auch: Geograf**ie**), Energ**ie**

Es gibt jedoch einige deutsche Wörter, deren lang gesprochenes i im Wortinneren auch nur mit dem Einzelbuchstaben **i** geschrieben wird.

Beispiele: m**i**r, d**i**r, B**i**ber, du g**i**bst

Bei **Fremdwörtern** ist dies häufiger der Fall.

Beispiele: B**i**bel, S**i**rup, T**i**ger, Apfels**i**ne, Turb**i**ne

Ganz wenige Wörter solltest du dir merken, bei denen das lang gesprochene i als **ih** geschrieben wird.

Beispiel: ihm, **ih**n, **ih**nen, **ih**r(e)

1

i oder ie? Setze die fehlenden i-Laute in der richtigen Schreibweise ein:

das Kl____ma	das Augenl____d	das S____b
die Masch____ne	die Melod____	w____derwillig
die Br____se	die Iron____	die Law____ne
der ____gel	der B____ber	die W____se
die Biolog____	das Benz____n	die Batter____
der Br____f	das Klav____r	die Lotter____
reg____ren	die Ru____ne	das L____d
buchstab____ren	train____ren	die Viol____ne
w____dersprechen	das K____no	die Garant____
die Kr____se	w____derholen	die Margar____ne
der L____ter	stud____ren	die Pral____ne

1.3 Doppelvokale

Nur bei den Vokalen **a, e** und **o** verwendest du beim Schreiben als Dehnungszeichen die **Doppelvokale aa**, **ee** und **oo**.
Es gibt aber nur wenige Wörter, die mit aa, ee oder oo geschrieben werden.

Beispiele: H**aa**r, St**aa**t, M**ee**r, S**ee**le, M**oo**r, Z**oo**

Dazu kommen die Fremd- oder Lehnwörter, die am Wortende mit **ee** geschrieben werden.

Beispiele: Arm**ee**, Id**ee**, Kaff**ee**, Tourn**ee**

Bei einigen der Wörter mit Doppelvokal musst du darauf achten, dass bei ihrer Verkleinerungsform aus dem Doppelvokal ein einfacher Umlaut wird.

Beispiele: P**aa**r – P**ä**rchen, B**oo**t – B**ö**tchen

Das Gleiche gilt für die Pluralbildung von S**aa**l → S**ä**le.

1

In dem Wortgitter sind 15 Wörter mit Doppelvokal versteckt. Markiere sie farbig und trage sie unter dem jeweiligen Doppelvokal ein.

L	D	B	C	M	O	O	S	S	V	O	S	P	K	Ö	W	M	A	L	T	K	T	A	Z
C	B	D	S	D	Ä	E	K	C	B	X	U	K	A	F	F	E	E	W	N	O	P	A	R
S	H	A	A	R	E	I	P	H	U	M	B	N	M	O	O	R	S	T	U	V	X	S	Z
L	D	T	O	U	R	N	E	E	V	O	N	P	K	Ö	W	P	S	P	E	E	R	H	I
G	O	O	S	D	Ä	E	K	E	B	O	O	T	X	S	A	O	L	W	N	A	S	S	R
D	S	A	A	L	P	E	M	B	W	A	A	G	E	B	N	W	W	Q	Ö	Ä	I	Z	Z
L	D	B	A	M	B	Q	R	D	O	O	F	P	K	Ö	W	K	L	O	R	B	E	E	R

aa	ee	oo

1.4 Kurz gesprochene Vokale

Die schärfende Betonung kurz gesprochener Vokale erfolgt nach bestimmten Regeln, an die du dich bei der Schreibung halten kannst. Merke dir als Grundregel, dass **nach einem kurz gesprochenen Vokal** fast immer **zwei Konsonanten folgen**. Dabei kannst du zwei Möglichkeiten unterscheiden:

1. Es folgen **zwei verschiedene Konsonanten**, die du beim Hören gut voneinander unterscheiden kannst **(Konsonantenhäufung).** Du schreibst die Konsonanten jeweils mit einfachem Buchstaben.
   Beispiele: A**nf**ang, de**nk**en, Sti**rn**, Ko**pf**, Stu**nd**e
2. Es folgen zwei gleiche Konsonanten. Du hörst nur einen Konsonanten, musst diesen aber beim Schreiben verdoppeln **(Konsonantenverdoppelung)**.
   Beispiele: Kna**ll**, re**nn**en, schwi**mm**en, Ko**ff**er, Pu**dd**ing

- Merke dir die Konsonantenverdoppelung nach kurzem Vokal bei der **Pluralbildung** der **Nachsilben -in** und **-nis.**
  Beispiele: Lehrer**in** – Lehrer**inn**en, Zeug**nis** – Zeug**nisse**
- Doppelkonsonanten in Wortzusammensetzungen, konjugierten Verbformen und Wortfamilien bleiben erhalten, sodass es im Wortinnern auch zu einer mehr als zweifachen Konsonantenhäufung kommen kann.
  Beispiele: Schi**ffbr**ücke (Schi**ff** + **Br**ücke)
  du schwi**mmst** (schwi**mm**en + Personalendung)
  sti**mmh**aft (Sti**mm**e + Endung)

Dies gilt auch, wenn bei Wortzusammensetzungen drei gleiche Konsonanten aufeinander treffen.
Beispiel: Schi**fff**ahrt (Schi**ff** + **F**ahrt)

Zwei Sonderfälle solltest du dir einprägen:

- die Konsonantenverdoppelung von **k** wird als **ck** geschrieben.
  Beispiele: Fle**ck**, So**ck**e, ho**cken**
- die Konsonantenverdoppelung von **z** wird als **tz** geschrieben.
  Beispiele: Schu**tz**, Hi**tz**e, si**tz**en

1

Einfacher Konsonant oder Doppelkonsonant?

f oder ff

Ho____nung

He____t

g oder gg

schmu____eln

Ben____el

k oder ck

Kor____en

Spu____e

l oder ll

Ge____d

Bri____e

m oder mm

Tü____pel

Sa____lung

n oder nn

niema____d

Gewi____

p oder pp

Gi____s

Te____ich

r oder rr

Ha____fe

Geschi____

s oder ss

Ri____

Mi____t

t oder tt

gla____

Mi____leid

z oder tz

Gla____e

Schmer____

2

Ergänze bei den folgenden Verben die fehlenden Doppelkonsonanten und bilde passende Reimwörter. Denke daran, dass auch ck und tz als Doppelkonsonanten gelten.

zi_tt_ern	kni_ttern____	sta______eln	s__________
kna____ern	schn__________	ju____en	sp__________
to____en	r__________	schi______ern	w__________
fa____en	kn__________	schma____en	kr__________
ha____en	f__________	knu____en	m__________

Checkliste: Dehnung und Schärfung

Um die Schreibung von Wörtern mit betont lang gesprochenem Vokal sowie von Wörtern mit betont kurz gesprochenem Vokal ohne Probleme zu meistern, solltest du folgende Hilfen und Regeln beachten:

- [ ] Sprich dir die Wörter, bei deren Schreibweise du unsicher bist, deutlich vor: Der Unterschied zwischen lang gesprochenem und kurz gesprochenem Vokal ist immer gut herauszuhören.
- [ ] Die meisten Wörter mit **lang gesprochenem Vokal** werden ohne zusätzliches Dehnungszeichen nur mit **einem Konsonanten** nach dem Vokal geschrieben.
- [ ] Handelt es sich bei dem Konsonanten, den du beim Sprechen nach dem betonten Vokal hörst, um ein **l**, **m**, **n** oder **r**, musst du beim Schreiben zwischen dem Vokal und dem Konsonanten meistens ein **Dehnungs-h** einfügen.
- [ ] Bei wenigen Wörtern, die du dir merken solltest, werden die lang gesprochenen Vokale **a**, **e** und **o** beim Schreiben **verdoppelt**.
- [ ] Wörter mit dem lang gesprochenen Vokal **i** schreibst du in den meisten Fällen mit **ie**.
- [ ] In Wörtern mit kurz gesprochenem Vokal folgen auf den betonten Vokal fast immer **zwei Konsonanten**.
- [ ] Hörst du beim Sprechen nach dem kurzen Vokal zwei deutlich voneinander zu unterscheidende Konsonanten, schreibst du die Konsonanten einfach.
- [ ] Hörst du dagegen beim Sprechen nach dem kurzen Vokal nur einen Konsonanten, musst du diesen beim Schreiben verdoppeln.
- [ ] Sonderfälle sind die beiden Konsonanten **k** und **z**. Sie werden beim Schreiben nicht verdoppelt, sondern als **ck** und **tz** geschrieben.

1

Ordne die folgenden Wörter in die richtige Spalte unter Dehnung (= lang gesprochener Vokal) oder Schärfung (= kurz gesprochener Vokal) ein.
Tipp: Die Zuordnung fällt dir leichter, wenn du dir die Wörter jeweils laut vorliest.

Glück – Miene – knurren – Saal – Schloss – meckern – Plan – Mine – Brett – blöken

Dehnung	**Schärfung**
____________	____________
____________	____________
____________	____________
____________	____________
____________	____________

Punkte: max. 10

2

Ergänze im folgenden Lückentext die fehlenden Vokale und Konsonanten in ihrer richtigen Schreibweise.

Die Nords_____ ist ein Randm_____r des atlantischen Ozeans. In der Osts_____, einem Nebenm_____r des Atlantiks, kann nur an einer Stelle ein Wasseraustausch sta_____finden. An dieser M_____resenge ist die Schi_____ahrt oft durch s_____r hohe We_____en gef_____rdet. Bei N_____drigwasser, der E_____e, läuft das Wasser aus dem Wa_____enmeer ab, bei Flut k_____rt es zurück.

Ost- und Nords_____ sind w_____rend der letzten Eiszeit entstanden. Damals war das gesa_____te heutige norddeutsche T_____fland von einer di_____en Eisschicht bede_____t. Warm- und Kaltzeiten wechselten sich ab. In den Warmzeiten st_____g die Temperat_____r an, das Eis schmol_____.

Die ablaufenden Schmelzwasser sa____elten sich in den so gena____ten

____rstromtälern, die qu____r zur heutigen Küste flossen.

Schon i____er h____lten die Küstenbew____ner ____re N____rung aus

dem M____r: H____ringe, Makr____len, Scho____e, Heilbu____ und

S____zunge.

Punkte: max. 33

3

In dem folgenden Text stecken 22 Schreibfehler. Unterstreiche die falsch geschriebenen Wörter und trage sie in der korrekten Schreibweise in dein Trainingsheft ein.

Tipp: Gleiche Schreibfehler bei gleichem Wort zählen nur einmal.

Die Verwahndlung

Die maisten Tiere auf unserer Erde sind Inseckten. Wenn sie sich vermären, durchläuft jeder Nachkome eine Reihe von Verwahndlungen. Zuerst lehgen Inseckten Eier. Diese sind sehr klein und werden geschikt an Pflanzentheile geheftet. Manchmahl verbergen die Inseckten sie in der Erde. Nach einiger Zeit schlüppfen daraus die Larven. Sie äneln dem zukünftigen Inseckt nicht. Ihr kent das von den Larven der Schmeterlinge, die wir Rauppen nennen. Die häsliche Larve gefällt uns oft nicht. Trozdem wird spähter daraus ein leuchtender, bunnter Fallter. Wir sehen ihn gern und denken nicht darann, dass seine Larve vieleicht ein schähdliches Inseckt war.

Punkte: max. 22

Überprüfe nun deine Antworten im Lösungsteil und gib dir für jede richtige Antwort einen Punkt. **Du kannst maximal 70 Punkte erreichen.**

Gesamtpunkte: max. 70

62–70 Punkte:
Toll, bei diesem Thema bist du schon sehr sicher.
41–61 Punkte:
Gutes Ergebnis, aber wiederhole einzelne Übungen.
21–40 Punkte:
Nicht schlecht, aber du kannst dich noch verbessern.
0–20 Punkte:
Es wäre gut, wenn du das Kapitel nochmal wiederholst.

2 Leicht zu verwechselnde Laute

Im vorangegangenen Kapitel hast du gelernt, wie sehr die Schreibweise von Wörtern davon abhängt, ob wir einen Vokal oder Umlaut betont lang oder betont kurz aussprechen. Daraus kannst du aber nicht schließen, dass sich die Schreibweise immer automatisch von der Aussprache herleitet. Denn wir verwenden auch eine Reihe von Lauten, die wir ganz gleich oder ähnlich aussprechen und trotzdem unterschiedlich schreiben. Feste Rechtschreibregeln gibt es für diese Fälle nicht, aber doch einige bewährte Hilfsregeln für die richtige Schreibweise. So kann es dir in Zweifelsfällen helfen, wenn du ein Wort **ableitest** oder **verlängerst** oder mit einem anderen Wort seiner **Wortfamilie vergleichst**. Die Schreibweise mancher Worte musst du dir aber auch ganz einfach einprägen.

2.1 ai und ei

Zu den Lauten, die wir völlig gleich sprechen, aber unterschiedlich schreiben, gehören die Doppellaute **ei** und **ai**. Hier gibt es keine Regeln oder Hilfen, die dir sagen, wann du ei oder ai schreiben musst. Die meisten Wörter, die im Deutschen diesen Laut haben, schreiben wir aber mit ei. Die wenigen Ausnahmen von Wörtern mit **ai** solltest du dir einfach merken.

Beispiele: H**ai**, K**ai**, K**ai**ser, M**ai**, T**ai**fun

Zu einigen dieser Wörter gibt es **Homophone**, also Wörter, die **gleich ausgesprochen**, aber **anders geschrieben** werden und eine ganz **andere Bedeutung** haben. Wenn Fische oder Frösche **laichen**, dann bringen sie ihre Eier zur Welt. Für **Leichen** dagegen ist das Leben bereits vorbei. Aus dem Zusammenhang kannst du aber meistens erschließen, ob es sich zum Beispiel um die **Saiten** einer Geige oder die **Seiten** eines Buches handelt oder ob von einem elternlosen Kind (**Waise**) oder der Art, wie etwas gemacht wird (**Weise**), die Rede ist.

1

Wenn du den folgenden Text laut liest, wirst du mit der Aussprache keine Schwierigkeiten haben, wahrscheinlich aber über die Schreibweise von 20 Wörtern „stolpern".

Unterstreiche die Wörter, die dir falsch geschrieben erscheinen und übertrage den Text korrigiert in dein Trainingsheft.

Europa und die Antarktis sind die ainzigen baiden Kontinente, auf denen kaine Papagaien leben. Auffälligste Kennzaichen dieser Vögel sind der Krummschnabel, die kurzen Baine und das bunte Farbenklaid. Männchen und Waibchen sind maist glaich gefärbt, die waiblichen Exemplare oft ain wenig klainer. Das Waibchen legt 2–5 waiße Aier und bebrütet sie allain, nur bai den Kakadus brütet auch das Männchen. Papagaien sind sehr gesellig. Zu zwait oder in klainen Gruppen ziehen sie mit lautem Geschrai umher. Wenn ain Papagai aine ergiebige Nahrungsquelle gefunden hat, lockt sein aufgeregtes Gekraische sofort den Rest des Schwarms herbai.

2

Entscheide dich bei den folgenden Sätzen für das Wort in der richtigen Schreibweise. Achte auf die Bedeutung im Satz.

mein – Main, kein – Kai, Saite – Seite, Laie – leihe

a) Mit dieser ______________ kannst du einen Ton anschlagen, diese ______________ kannst du geräuschlos aufschlagen.

b) Frankfurt liegt am ______________, ______________ Pausenbrot dagegen zu Hause.

c) An deiner Stelle würde ich einem ______________ nicht die Motorsäge ______________.

d) Heute macht ______________ Schiff mehr am ______________ fest.

2.2 äu und eu

Auch die Doppellaute **äu** und **eu** sind beim Sprechen nicht zu unterscheiden. Hier hilft es dir aber beim Schreiben, dass sich so gut wie alle mit **äu** geschriebenen Wörter von einem Wort mit **au ableiten lassen**.

Beispiel: B**äu**me → B**au**m
schn**äu**zen → Schn**au**ze

Wörter mit dem gleich gesprochenen Doppellaut, die sich **nicht** von einem **Stammwort** mit *au* ableiten lassen, schreibst du mit *eu*.

Beispiel: B**eu**le, Fr**eu**de, sch**eu**ßlich

Die **Ableitungsprobe** hilft dir auch, die Schreibweise im Fall von **Homophonen** zu unterscheiden.

Beispiel: h**eu**te – H**äu**te (Plural von Haut)

Einige Wörter mit *äu* lassen sich allerdings nicht ableiten. Diese solltest du einfach lernen.

Beispiele: Kn**äu**el (Wollknäuel), sich r**äu**spern, S**äu**le, sich str**äu**ben

1

Leite von den vorgegebenen Wörtern jeweils ein verwandtes Wort ab, das mit **äu** geschrieben wird.

glauben – gläubig   Schaum – ____

Raub – ____

sauber – ____   faulen – ____

2

Füge **äu** oder **eu** ein. Denk an die Ableitungsprobe.

l____ten M____terei B____erin Z____ge Tr____me t____

B____te Schwimmh____te B____le T____schung bed____ten

Br____tigam L____te wiederk____en r____chern

F____ert____fel H____ptling Knieb____ge n____lich ____ßerung

2.3 ä und e

Obwohl du den Umlaut **ä** und den Vokal **e** bei sehr deutlicher Aussprache unterscheiden kannst, bilden sie doch einen zumindest sehr ähnlich klingenden Laut. Auch hier hilft es dir, wenn du die **Ableitung** bildest: Die meisten mit **ä** geschriebenen Wörter lassen sich von einem Wort mit **a ableiten.**

Beispiel: Hände → Hand

Die folgenden Wörter mit *ä* lassen sich allerdings nicht ableiten. Hier musst du dir die Schreibung einprägen:

Bär	Mädchen	jäten	Schädel
Käfer	Märchen	spät	Lärche (Nadelbaum)
Käfig	März	schräg	Schärpe (Band)
Käse	Säge	dämmern	hängen
Geländer	Lärm	ätzen	...-wärts

1

Leite die einzelnen Wörter mit dem Umlaut ä jeweils von einem verwandten Wort mit dem Vokal a ab.

a) Gärtner – ____________________ b) glätten – ____________________

c) mächtig – ____________________ d) Fähre – ____________________

e) Ärmel – ____________________ f) schälen – ____________________

g) Schwäche – ____________________ h) rächen – ____________________

2

ä oder **e**? Fülle den Lückentext aus.

Zu___rst l___gen Ins___kten Eier. Diese sind s___hr klein und werden geschickt an Bl___tter geh___ftet. Manchmal verb___rgen die Ins___kten sie in der ___rde. Die Larven, die daraus entschlüpfen, ___hneln dem sp___teren Ins___kt noch nicht. Ihr k___nnt das von den Schm___tterlingen.

2.4 b, d, g – p, t, k

Auch bei den **Konsonanten** gibt es Laute, die gleich oder ähnlich klingende Paare bilden. Dazu gehören **b – p**, **d – t** und **g – k**.
Stehen diese Laute als **Anlaut** am Wortanfang oder als **Inlaut** im Wortinnern, lassen sie sich meistens gut hörbar voneinander unterscheiden. Dann sprichst du die Konsonanten b, d und g weich, also **stimmhaft** aus, die Konsonanten p, t und k dagegen scharf, also **stimmlos.**

Beispiele: **b**acken – **p**acken, rau**b**en – Rau**p**en
Deich – **T**eich, En**d**e – En**t**e
gern – **K**ern, En**g**el – En**k**el

Stehen die sonst stimmhaften Konsonanten b, d und g jedoch als **Auslaut** am Wortende, sprichst du sie ebenfalls **stimmlos** aus. Sie sind dann in der Aussprache nicht mehr von den stimmlosen Konsonanten p, t und k zu unterscheiden.

Beispiele: Kal**b** – Lum**p**, Wal**d** – kal**t**, Mag**d** – Mark**t**

Hier kannst du aber mithilfe der **Verlängerungs**- oder **Ableitungsprobe** klären, für welchen der beiden Buchstaben du dich als richtige Schreibweise entscheiden musst.

Bei der **Verlängerungsprobe** verlängerst du ein Wort, indem du zum Beispiel bei Nomen den Genitiv Singular oder den Nominativ Plural bildest oder bei Adjektiven eine Steigerungsform. So kannst du zumeist heraushören, mit welchem Buchstaben du schreiben musst.

Beispiele: Wal**d** – Wäl**d**er – des Wal**d**es, kal**t** – käl**t**er

Mit Hilfe der **Ableitungsprobe** vergleichst du ein Wort mit einem verwandten Wort aus seiner Wortfamilie oder bildest – wenn es sich um ein Verb handelt – den Infinitiv.

Beispiele: kran**k** – krän**k**eln, es pie**p**t – pie**p**en

Bei den folgenden Wörtern lässt sich nicht erproben, ob du sie mit **b** und **p** schreiben musst. Ihre Schreibung solltest du dir einprägen.

Der A**b**t – die Er**b**se – der Her**b**st – der Kre**b**s – das O**b**st – der Gi**p**s – der Ra**p**s – der Schna**p**s – der Stö**p**sel – der Pa**p**st – das Ze**p**ter – der Klem**p**ner

1

Einige der folgenden Wortpaare werden auch als Reimwörter benutzt, weil sie im Auslaut gleich oder ähnlich klingen. Sie werden aber am Wortende mit unterschiedlichen Buchstaben geschrieben.

Entscheide dich bei den fehlenden Wortenden jeweils zwischen **b** oder **p**, **d** oder **t** sowie **g** oder **k**, indem du die Verlängerungs- oder Ableitungsprobe anwendest.

Schran___	*Schränke*	Zwan___	___
Stau___	___	Lum___	___
Kal___	___	Skal___	___
To___	___	No___	___
Spu___	___	Tru___	___
bun___	___	gesun___	___

2

Ergänze in den drei Wortspalten jeweils den fehlenden Konsonanten **b** oder **p**.

b oder p im Anlaut	b oder p im Inlaut	b oder p im Auslaut
Bach	Tulpe	Staub
___robe	Gru___e	Flo___
___ult	Trom___ete	Rau___
___ein	Rau___e	Sie___
___insel	Trau___e	To___
___ark	Hau___e	Lei___
___ass	Pum___e	Cam___
___ord	Ris___e	Trie___
___usch	Nar___e	Hie___

Checkliste: Leicht zu verwechselnde Laute

Bei den gleich und ähnlich klingenden Lauten hilft für die richtige Schreibweise auch eine genaue Aussprache oft nicht weiter. Außerdem kannst du dich hier nicht auf feste Rechtschreibregeln verlassen. Du bekommst die Probleme aber mit Sicherheit in den Griff, wenn du dich an folgende Hilfsregeln hältst:

Musst du dich zwischen den Doppellauten **ai** und **ei** entscheiden, ist normalerweise die Schreibung mit **ei** richtig. Die wenigen Ausnahmen lernst du am besten auswendig. ☐

Hast du die Wahl zwischen **äu** und **eu**, wendest du die **Ableitungsprobe** an: Fast alle mit äu geschriebenen Wörter lassen sich von einem Wort aus der gleichen Wortfamilie mit **au** ableiten. ☐

Auch bei der Entscheidung zwischen dem Umlauten **ä** und dem Vokal **e** hilft dir die **Ableitungsprobe**: Fast alle mit ä geschriebenen Wörter lassen sich von einem Wort der gleichen Wortfamilie mit **a** ableiten. ☐

Die stimmhaften Konsonanten **b, d, g** werden am Wortende (im Auslaut) wie die stimmlosen Konsonanten **p, t** und **k** gesprochen. Bist du nicht sicher, welche Schreibweise richtig ist, hilft dir

- die **Verlängerungsprobe:** Du bildest bei Nomen den Plural oder bei Adjektiven eine Steigerungsform. Du hörst dann, ob es sich um einen stimmhaften oder einen stimmlosen Konsonanten handelt. ☐
- die **Ableitungsprobe**: Du suchst nach einem Wort aus derselben Wortfamilie oder bildest bei Verben den Infinitiv. ☐

1

Setze die fehlenden Buchstaben ein.

Am____sen und Termiten gehören zu den h____figsten Inse____ten. Trotz vieler ____hnlichkeiten sind Am____sen und Termiten aber nicht n____her verwan____ . Die n____chsten Verwan____en der Am____sen sind ____ienen und Wes____en. Wie diese haben auch Am____sen eine „Wes____ent____lle". Termiten sind blasser und weichh____tiger ohne schlanke T____lle. Termiten fr____ssen Pflanzent____le, vor allem Holz. Die N____ster befinden sich in der N____he der Nahrungsqu____lle. Da Termiten nicht zwischen B____men und H____sern untersch____den, können sie große Sch____den anrichten.

Punkte: ____ max. 26

2

Entscheide, welches der beiden gleich klingenden Wörter du jeweils in die nachfolgenden Sätze einfügen musst. Achte auf die Bedeutung.

Häute – heute, Ähre – Ehre, Gewähr – Gewehr, Sägen – Segen

a) Der Förster bekam auf sein neues ____________ ein Jahr Garantie, allerdings ohne ____________ , dass jeder Schuss ein Treffer sein würde.

b) Diese ____________ erntet der Landwirt, diese ____________ der Nobelpreisträger.

c) ____________ gibt es in der Kirche, ____________ im Baumarkt.

d) ____________ von Krokodilen wurden früher häufig zu Handtaschen und Schuhen verarbeitet. ____________ ist das verboten.

Punkte: ____ max. 4

Für jede richtige Antwort gibt es einen Punkt, maximal 30 Punkte.

Gesamtpunkte: ____ max. 30

26 – 30 Punkte:
Super, bei diesem Thema kennst du dich aus!

15 – 25 Punkte:
Gutes Ergebnis, aber du kannst dich noch verbessern!

0 – 14 Punkte:
Es wäre gut, wenn du das Kapitel nochmal wiederholst.

3 s-Laute (s, ss, ß)

Zahlreiche Wörter der deutschen Sprache werden mit **s-Lauten** gebildet. Ihre Schreibweise bereitet manchmal Schwierigkeiten, denn wir sprechen das **s** auf zwei unterschiedliche Weisen aus und leiten daraus die drei verschiedenen Schreibweisen **s**, **ss** oder **ß** ab.

3.1 Stimmhaftes und stimmloses „s“

Hört sich das **s** beim Sprechen weich und summend an wie in „sausen“, dann sprichst du es **stimmhaft** aus.
Der **stimmhafte s-Laut** kommt nur **am Anfang** oder **in der Mitte** eines Wortes vor. Er wird **immer** mit einfachem **s** geschrieben.

Beispiele: **S**ommer, **S**üden, **s**auer, Na**s**e, Dü**s**e, rei**s**en

Hört sich das **s** dagegen scharf und zischend an wie in „reißen“, dann sprichst du es **stimmlos** aus.

Der **stimmlose s-Laut** wird in vielen Wörtern ebenfalls mit einfachem **s** geschrieben, in zahlreichen Wörtern jedoch auch mit **ss** oder **ß**.

Beispiele: Prei**s**, me**ss**en, flie**ß**en, Sto**ß**

Die unterschiedlichen Schreibweisen für den **stimmlosen s-Laut** richten sich nach bestimmten Regeln. An diesen kannst du dich orientieren, wenn du dir bei der richtigen Schreibweise unsicher bist.

- Im Auslaut am Ende eines Wortes schreibst du das **stimmlose s** mit einfachem **s**, wenn aus ihm bei der Pluralbildung ein **stimmhaftes s** wird.
  Beispiele: die Mau**s** – die Mäu**s**e, das Gla**s** – die Glä**s**er
- Du schreibst das **stimmlose s** mit **ss,** wenn der vorangehende Vokal oder Umlaut kurz gesprochen wird.
  Beispiele: Ku**ss**, wi**ss**en, grä**ss**lich
- Als **ß** schreibst du das **stimmlose s**, wenn der vorangehende Vokal lang gesprochen wird oder wenn ein Doppellaut (Diphthong) davor steht.
  Beispiele: Gru**ß**, Flo**ß**, bei**ß**en, Strau**ß**, bü**ß**en
- **Nach Konsonanten** steht **immer** das **einfache s**.
  Beispiele: Erb**s**e, win**s**eln, Hal**s**

Achte auf folgende Besonderheiten:

- Die Vorsilbe (Präfix) **Miss-/miss-** schreibst du immer mit **ss**.
  Beispiele: Mi**ss**erfolg, mi**ss**glücken
- Nomen mit der Nachsilbe (Suffix) **-nis** bilden den Plural immer auf **-nisse**.
  Beispiel: Verhält**nis** – Verhält**nisse**

Auch einige Fremdwörter verändern das einfache **s** am Wortende bei ihrer eingedeutschten Pluralform in **ss**.

Beispiel: Globu**s** – Globu**ss**e (oder Globen)

1

Ordne die Wörter in der richtigen Spalte in die Tabelle ein.

sü___ Bi___ flie___en Flu___ Gan___ Ro___e Wi___en

Rie___e Mi___verständni___e Klö___e bi___ Fü___e Pa___

Ma___ Na___e na___ au___erdem Zirku___e Scheu___al

So___e Abflu___ In___el Sto___ Lau___

s	ss	ß

2

Ergänze die richtige Schreibung **s**, **ss** oder **ß**. Dabei kann dir die Verlängerung der Wörter bei der Pluralbildung helfen.

Unterstreiche anschließend die Pluralformen mit stimmhaftem s blau, die Wörter mit stimmlosem s nach kurzem Vokal rot und die Wörter mit stimmlosem s nach langem Vokal grün.

das Fa_____	die Fä_____er	der Prei_____	die Prei_____e
das Gla_____	die Glä_____er	das Ma_____	die Ma_____e
der Ba_____	die Bä_____e	der Spa_____	die Spä_____e
der Gru_____	die Grü_____e	der Ku_____	die Kü_____e
der Flu_____	die Flü_____e	das Gefä_____	die Gefä_____e
der Fu_____	die Fü_____e	der Ver_____	die Ver_____e

3

s oder **ß**? Ergänze die fehlenden Buchstaben und bestimme, ob der s-Laut stimmhaft (sh) oder stimmlos (sl) gesprochen wird.

Beispiel: Kamele fra**ß**en **(sl)** hungrig in der Oa**s**e **(sh)**.

a) Sie verga___en (_____), ihre Na___en (_____) zu putzen.

b) Auch Rie___en (_____) sollten ihre Blumen gie___en (_____).

c) Meine Tanten besa___en (_____) chinesische Va___en (_____).

d) Die Hunde sprangen vom Scho___e (_____) ihres Herrchens und scho___en (_____) bellend zur Tür.

4

Manche Wörter mit unterschiedlicher Schreibweise und Bedeutung werden gleich ausgesprochen. Setze in den folgenden Sätzen die richtige Schreibweise des s-Lautes ein.

a) Jan hat laut genie___t. – Fred genie___t die Ferien.

b) Yette rei___t nach Italien. – Der Gärtner rei___t Unkraut heraus.

c) Thea liebt die Kü___te. – Svea kü___te ihren Liebsten.

d) Tom i___t ein Faulpelz. – Paul i___t ein Brötchen.

3.2 das oder dass?

Die beiden kleinen Wörter **das** und **dass** werden oft verwechselt, weil wir beide auf dieselbe Weise mit stimmlosem s-Laut sprechen. Unterschiedlich geschrieben werden sie, weil sie eine unterschiedliche grammatische Bedeutung haben. Wenn du das weißt, fällt dir auch die richtige Schreibweise leicht.

Das Wort **das** erfüllt drei grammatische Aufgaben:

1. **das** als **bestimmter Artikel**
   Beispiel: das Radio
2. **das** als **Demonstrativpronomen**
   Beispiel: Gibst du mir bitte **das** Messer dort!
3. **das** als **Relativpronomen**
   Beispiel: Das Brötchen, **das** du gerade gegessen hast, gehörte Jan.

Dagegen ist das Wort **dass** eine **Konjunktion** (Bindewort), die einen **Nebensatz** einleitet.

Beispiel: Tina hofft, **dass** sie zum Geburtstag einen iPod bekommt.

Wenn du unsicher bist, ob du **das** oder **dass** schreiben sollst, hilft dir die so genannte **Ersatzprobe**. Kannst du *das* durch **ein**, **dies/dieses** oder **jenes/welches** ersetzen, schreibst du es immer mit einfachem **s**.

- Ersatzprobe im Fall des **bestimmten Artikels**:
  das Radio *oder:* **ein** Radio
- Ersatzprobe im Fall des **Demonstrativpronomens**:
  Gibst du mir bitte **das** Messer dort! *Oder:*
  Gibst du mir bitte **dieses/jenes** Messer dort!
- Ersatzprobe im Fall des **Relativpronomens:**
  Das Brötchen, **das** du gerade gegessen hast, gehörte Jan. *Oder:*
  Das Brötchen, **welches** du gerade gegessen hast, gehörte Jan.

Im Fall der **Konjunktion dass** klappt die Ersatzprobe nicht:

Tina hofft, **dass** sie zum Geburtstag einen iPod bekommt.
Tina hofft, ~~**ein**~~ sie zum Geburtstag einen iPod bekommt.
Tina hofft, ~~**dieses/jenes**~~ sie zum Geburtstag einen iPod bekommt.
Tina hofft, ~~**welches**~~ sie zum Geburtstag einen iPod bekommt.

Hier musst du also **dass** mit **ss** schreiben.

1

Artikel (A), Demonstrativpronomen (D) oder Relativpronomen (R)?
Wende die Ersatzprobe an und bestimme, welche grammatische Aufgabe dem Wort **das** jeweils zukommt.

Beispiel: Ein Tier, das im Amazonasgebiet lebt, ist das Faultier.
Ein Tier, welches im Amazonasgebiet lebt, ist das Faultier. (R)

a) Das Faultier schläft bis zu 20 Stunden am Tag.

____. (___)

b) Das schafft selbst ein Faulpelz nicht.

____. (___)

c) Das Riesenfaultier, das am Boden lebte, war so groß wie ein Elefant.

____. (___)

d) Das Faultier bewegt sich nur im Zeitlupentempo.

____. (___)

e) Jonas kann das sehr gut nachmachen.

____. (___)

2

Entscheide, ob du **das** oder **dass** einsetzen musst. Denk an die Ersatzprobe!

Auch ________ noch! ________ neue Fahrrad, ________ Jan erst seit zwei Wochen besitzt, hat einen platten Hinterreifen. ________ liegt bestimmt daran, ________ er gestern Abend ________ zerbrochene Glas auf dem Fahrradweg erst zu spät gesehen hat. Für Jan bedeutet ________, ________ er heute mit dem Bus zur Schule fahren muss und ________ er am Nachmittag ________ Fahrrad reparieren muss. ________ Treffen nach der Schule, ________ er gestern mit seiner Freundin verabredet hat, kann er jetzt vergessen. Er hofft aber, ________ er mit dem Flicken des Reifens so schnell fertig sein wird, ________ er noch zum Fußballtraining fahren kann.

Checkliste: s-Laute (s, ss, ß)

Wenn du folgende Tipps und Regeln befolgst, wird dir die Schreibweise der s-Laute kaum noch Schwierigkeiten bereiten.

- [ ] Bestimme zuerst durch die Sprechprobe, ob der s-Laut eines Wortes stimmhaft oder stimmlos gesprochen wird.
- [ ] Das stimmhafte *s* schreibst du immer mit einfachem *s*. Es kommt nur am Anfang oder in der Mitte eines Wortes vor.
- [ ] Am Ende eines Wortes schreibst du auch das stimmlose *s* mit einfachem *s*, wenn es bei der Verlängerungsprobe (Pluralbildung) als stimmhaftes *s* gesprochen wird.
- [ ] Nach einem kurzen Vokal schreibst du das stimmlose *s* mit *ss*.
- [ ] Nach einem langen Vokal oder einem Doppellaut schreibst du das stimmlose *s* mit *ß*.
- [ ] *das* kann Artikel, Demonstrativpronomen oder Relativpronomen sein.
- [ ] Die Ersatzprobe mit ein, dies/dieses oder jenes/welches zeigt dir den Unterschied zu der Konjunktion *dass* an.
- [ ] Die Konjunktion *dass* leitet immer einen Nebensatz ein; *dass* kannst du nicht durch ein anderes Wort ersetzen.

1

s, **ss** oder **ß**? Entscheide dich jeweils für die richtige Schreibweise des s-Lautes.

Gefrä_____ige Flu_____pferde

Flu_____pferde spielen in den o_____tafrikanischen Seen und Flü_____en eine ma_____gebliche Rolle. Während des Tages wälzen sie sich im Wa_____er, de_____en Auftriebskräfte sie das gro_____e Gewicht ihres ma_____igen Körpers viel be_____er ertragen lä_____t. In der Nacht machen sie sich zum Gra_____en an den Ufern auf, wo sie bi_____ zu 40 kg Gra_____ fre_____en. Ergebni_____ einer solchen balla_____tstoffreichen Ernährungswei_____e sind Tonnen an Flu_____pferddünger. Durch die halbverdauten Pflanzenteile sorgen die nächtlichen Pflanzenfre_____er dafür, da_____ der Flu_____ fruchtbar wird. Kleine Tiere im Wa_____er fre_____en den Dung, die Fische fre_____en die kleinen Tiere, und die Vögel fre_____en die Fische.
Die Flu_____pferde dienen auch als Ra_____enmäher und kürzen da_____ Gra_____ am Rande des Sees. So schaffen sie ideale Ni_____tplätze für die am Boden brütenden Pelikane und Löffler. Auf vielfältige Wei_____e tragen Flu_____pferde also dazu bei, da_____ der Krei_____lauf der Natur nicht abrei_____t.

Punkte: max 37

2

In den folgenden Sätzen hat der Druckfehlerteufel einen ziemlichen s-Salat angerichtet. Unterstreiche die 23 Wörter, in denen der s-Laut falsch geschrieben ist, und trage die Sätze richtig ein.

a) **Selbst Eßel eßen äusserst selten Obßtsalat, dessen Salatsosse ausschliesslich aus Esig besteht.**

b) **Anstatt die abgerißenen Seiten eines Abreisskalenders einfach maßenhaft auf den Fussboden zu schmeissen, ist es beßer, sie in regelmässigen Abständen von einem Reisswolf freßen zu lassen.**

c) **Wußtest du dass schon, daß du dass daß, dass früher mit ß geschrieben wurde, jetzt mit ss schreiben mußt?**

Punkte: max. 23

Überprüfe nun deine Antworten im Lösungsteil und gib dir für jede richtige Antwort einen Punkt. **Du kannst maximal 60 Punkte erreichen.**

Gesamtpunkte: max. 60

55 – 60 Punkte:
Prima, die s-Laute machen dir keine Schwierigkeiten.

36 – 54 Punkte:
Gutes Ergebnis, aber wiederhole einzelne Übungen.

21 – 35 Punkte:
Du kannst dich sicher noch verbessern.

0 – 20 Punkte:
Es wäre gut, wenn du das Kapitel nochmal wiederholst.

4 Groß oder klein?

In der deutschen Sprache werden viel mehr Wörter großgeschrieben als in anderen Sprachen. Feste Rechtschreibregeln sagen dir, wann und welche Wörter du immer großschreiben musst und welche Wörter nur in besonderen Fällen.

4.1 Satzanfänge und Nomen

Das **erste Wort eines Satzes** und einer **Überschrift** schreibst du **immer** groß.

Beispiele: Mit 17 schon Universitätsprofessor
Schon als Kind erregte er Verwunderung.

Auch wenn nach einem **Doppelpunkt** ein **vollständiger Satz** oder **wörtliche Rede** folgt, schreibst du das erste Wort **groß.**

Beispiele: Die Ringelnatter ist harmlos: **Sie** ist ungiftig und beißt nicht.
Max schrie auf: „**Pass** doch auf, wo du hintrittst!"

Nomen schreibst du **immer groß**. Du kannst sie an bestimmten Merkmalen erkennen:

- Nomen benennen Lebewesen und Gegenstände, aber auch Gedanken und Gefühle.
  Beispiele: Bär, Höhle, Glück
- Nomen kommen oft in enger Verbindung mit anderen Wortarten vor:
  - zusammen mit dem **bestimmten** oder **unbestimmten Artikel**
    Beispiele: der/ein Bär, **die/eine** Höhle, **das/ein** Glück
  - zusammen mit **Adjektiven** (Eigenschaftswörtern)
    Beispiel: der **hungrige** Bär
  - zusammen mit **Pronomen** (Fürwörtern)
    Beispiel: seine Höhle
  - zusammen mit **Präpositionen** (Verhältniswörtern)
    Beispiel: vor der Höhle
- Viele Nomen kannst du an einer der **Nachsilben -heit**, **-keit**, **-ling**, **-nis**, **-schaft**, **-tum, -ung** erkennen.
  Beispiele: Frech**heit**, Fröhlich**keit**, Lehr**ling**, Zeug**nis**, Eigen**schaft**, Eigen**tum**, Leist**ung**

1

In dem folgenden Text ist alles kleingeschrieben. Unterstreiche alle Wörter, die eigentlich mit großem Anfangsbuchstaben geschrieben sein müssten.

polargebiete

die polargebiete haben kurze sommer und lange, dunkle winter. hier herrschen schneidende winde, das wasser ist gefroren, und schnee und eis erschweren den landtieren die fortbewegung und die nahrungssuche. die tiere sind hier auf ein dickes fell und auf eine art frostschutzmittel im blut angewiesen. die beiden polargebiete der erde sind sehr unterschiedlich. das gebiet um den südpol, die antarktis, ist ein von eis bedeckter kontinent. im unterschied dazu handelt es sich beim gebiet um den nordpol, der arktis, um ein zugefrorenes meer.

2

Wandle die vorgegebenen Verben und Adjektive in Nomen um, indem du eine der Nachsilben -**heit**, -**keit**, -**nis** oder -**ung** anfügst, und trage sie in die entsprechende Spalte der Tabelle ein.

beobachten – drohen – dunkel – ehrlich – erlauben – frei – gestehen – gesund – heiter – klug – mahnen – traurig – verletzen – wagen

-heit	-keit	-nis	-ung
____	____	____	____
____	____	____	____
____	____	____	____
____	____	____	____

4.2 Aus Verben werden Nomen

Verben (Tätigkeitswörter) schreibst du **immer klein**. Wir verwenden Verben jedoch häufig **als Nomen**, sodass du sie in diesem Fall **großschreiben** musst. Ein **nominalisiertes** Verb erkennst du

- am begleitenden **Artikel**
  Beispiele: das Schlafen, ein Schnarchen
- an einem beigefügten **Adjektiv**
  Beispiel: lautes Schnarchen
- an einem vorangestellten **Pronomen**
  Beispiel: sein Schnarchen
- an einer vorangestellten **Präposition**
  Beispiel: ohne Schnarchen
- an einer vorangestellten **Präposition**, die mit einem Artikel verschmolzen ist
  Beispiel: beim (= bei dem) **Schlafen**
- am **Gebrauch im Satz**, wenn du ein fehlendes Begleitwort ergänzen kannst
  Beispiel: (Das) **Lernen** ist anstrengend. (Subjekt)
  Ich liebe (das) **Faulenzen**. (Objekt)

1

Entscheide, welche Verben zu Nomen verändert wurden. Streiche den jeweils falschen großen oder kleinen Anfangsbuchstaben durch.

Pinguine in b / B ewegung

Pinguine zählen zu den Vögeln, die im l / L aufe ihrer e / E ntwicklung vom f / F liegen abgekommen sind. Dazu gehörte die u / U mgestaltung der Flügel zu kräftigen Flossen. Auch das l / L aufen scheint ihnen nicht zu liegen und sieht mehr wie ein angestrengtes w / W atscheln aus.
Der ungewöhnlich aufrechte g / G ang, der den Pinguinen bei ihrer mühsamen f / F ortbewegung an Land etwas Drolliges verleiht, ist in Wirklichkeit aber sehr energiesparend.

Doch das wahre Element des **l / L** ebens der Pinguine ist das Wasser. Hier bewegen sie sich mit großer Eleganz und Mühelosigkeit fort. Beim **s / S** chwimmen erreichen Pinguine während kurzer Sprints eine Geschwindigkeit von bis zu vierzig Kilometern pro Stunde, und auch beim **t / T** auchen legen sie erstaunliche **l / L** eistungen an den Tag. Für Kaiserpinguine sind Tauchgänge von mehr als achtzehn Minuten und bis in eine Tiefe von mehr als 500 Metern belegt.

Auch das **s / S** prungvermögen der Pinguine ist enorm. Beim **v / V** erlassen des Wassers können sie bis zu 1,80 Meter hoch **s / S** pringen, um auf eine Eisscholle zu gelangen. Trotzdem **e / E** rwecken Pinguine manchmal den Anschein, als wäre ihnen das **e / E** intauchen ins Wasser nicht besonders lieb: Vor dem **l / L** osschwimmen kommt es am Wasserrand häufig erst zur **a / A** nsammlung einer größeren Gruppe, und es kann dann bis zu einer halben Stunde **d / D** auern, bis der erste Pinguin den Mut zum **h / H** ineinspringen ins Wasser aufbringt.

2

Füge in den folgenden Sätzen jeweils eine passende Präposition ein.

a) Es ist __________ Verzweifeln, den heimischen Stürmern __________ Auslassen selbst größter Torchancen zuschauen zu müssen.

b) __________ dem Boxen solltest du gar nicht erst anfangen, wenn dir deine Nase lieb ist.

c) __________ seinem Scheitern im Achtelfinale von Wimbledon hängte Moritz Mecker seine Tennisschläger an den Nagel.

d) __________________ des Spielens denkt Katja immer nur __________ Gewinnen.

4.3 Aus Adjektiven werden Nomen

Auch **Adjektive** (Eigenschaftswörter) schreibst du normalerweise immer **klein**, es sei denn, du verwendest ein Adjektiv als **Nomen**. In diesem Fall schreibst du es **groß**. Ein **nominalisiertes Adjektiv** erkennst du

- am begleitenden **Artikel**
  Beispiele: das Gute, das Böse

Häufig werden nominalisierte Adjektive aber auch ohne begleitenden Artikel verwendet:
  Beispiel: Die Vorstellung erfreute **Jung** und **Alt**.

- an einem beigefügten **Adjektiv**
  Beispiele: ein **schrilles Grün**, das **kostbare Nass**
- an einem vorangestellten **Pronomen**
  Beispiel: Mein Lieber!
- an einer vorangestellten **Präposition**
  Beispiele: im Dunkeln, zum Besten, im Allgemeinen, bei Rot
- an einem vorangestellten unbestimmten **Zahlwort**
  Beispiele: etwas Neues, nichts Besonderes, viel Gutes
- wenn es selbst als Ordnungszahl verwendet wird
  Beispiele: der **Erste**, jeder **Zweite**

1

Ergänze die Lücken und entscheide, ob die Adjektive groß- oder kleingeschrieben werden.

a) In den wenig bekannten ___iefen der Ozeane entdecken die Forscher immer wieder überraschend ___eues.

b) Unter den Adjektiven gibt es ___ahlreiche, die man nicht steigern kann.

c) Im ___roßen und ___anzen war Lina mit ihrem Zeugnis zufrieden, auch wenn sie beim Durchschnitt lieber eine ___ins vor dem Komma gehabt hätte.

d) Ich erfahre nicht das ___eringste und das auch immer als ___etzter.

e) Das ___essere ist der Feind des ___uten.

f) Weiterfahren darfst du erst bei ___rün.

2

Setze die Verbindungspaare aus unbestimmtem Mengenwort und Adjektiv in der richtigen Schreibweise in den passenden Satz ein.

allerlei – nützlich   wenig – erfreulich   nichts – besondere
viel – besser   etwas – gut

a) Gerrit bekam zum Geburtstag ________________ ________________ .

b) ________________ ________________ als er in seinem Aufsatz geschrieben hatte, fiel Mark zu dem Thema nicht ein.

c) Da die Klasse so früher nach Hause gehen konnte, hatte der Ausfall des Sportunterrichts auch ________________ ________________ .

d) Dass Sheila schon wieder eine Eins in der Englischarbeit geschrieben hatte, war für sie ________________ ________________ .

e) Der Wetterbericht verkündet für die kommende Woche nur ________________ ________________ .

4.4 Anredepronomen

Die Anredepronomen **Sie** und **Ihr** sowie die dazugehörigen Formen **Ihre** und **Ihnen** sind die Höflichkeitsformen, mit denen du Fremde und Erwachsene ansprichst (siezen). In Briefen oder E-Mails **schreibst** du diese Höflichkeitsformen **groß**.

Die Anredepronomen **du** (Singular) und **ihr** (Plural) sowie deren deklinierte Formen (**dein**, **dir**, **dich**, **euch**, **euer**, **euere**) werden dagegen **kleingeschrieben**. Wenn du sie als Anredepronomen in Briefen verwendest, kannst du sie aber auch **großschreiben**.

1

Jana möchte in das Paket mit Schreibpapier, das sie an Joanne K. Rowling, die Autorin der Harry-Potter-Romane, schicken will, auch einen kurzen Brief hineinlegen. Hilf ihr beim Formulieren, indem du die fehlenden Buchstaben ergänzt.

Sehr geehrte Frau Rowling,

ich bin ein großer Fan ___hrer Romane über Harry Potter und schon sehr gespannt, wie ___ie die Geschichte von Harry enden lassen werden. Hoffentlich gut! Wie ___ie sich bestimmt vorstellen können, war ich über ___hre Nachricht in ___hrem Online-Tagebuch sehr entsetzt, dass ___ie ___hre Arbeit am letzten Band unterbrechen mussten, weil ___hnen das Schreibpapier ausgegangen ist und ___ie an ___hrem Wohnort keinen Nachschub an Papier bekommen konnten. Ich schicke ___hnen deshalb ein Paket mit besonders gutem Schreibpapier, damit ___ie möglichst schnell weiterschreiben können.

Ich wünsche ___hnen viel Kraft und viele spannende Einfälle bei ___hrer Arbeit am letzten Band und grüße ___ie ganz herzlich

___hre
Jana Jürgens

Checkliste: Groß oder klein?

Wenn du folgende Regeln und Hilfen beherzigst, wirst du dich bei der Groß- und Kleinschreibung in der deutschen Sprache wesentlich sicherer fühlen.

Das erste Wort eines Satzes oder einer Überschrift schreibst du immer mit großem Anfangsbuchstaben. ☐

Folgt nach einem Doppelpunkt ein vollständiger Satz oder setzt nach einem Doppelpunkt eine wörtliche Rede ein, so beginnst du beides ebenfalls mit großem Anfangsbuchstaben. ☐

Nomen schreibst du immer groß. ☐

Verben und Adjektive werden normalerweise kleingeschrieben. ☐
Werden Verben oder Adjektive jedoch als Nomen gebraucht, musst du sie ebenfalls großschreiben. ☐

Nominalisierte Verben erkennst du
- am begleitenden Artikel ☐
- an einem beigefügten Adjektiv ☐
- an einem vorangestellten Pronomen ☐
- an einer vorangestellten Präposition ☐

Nominalisierte Adjektive erkennst du
- am begleitenden Artikel ☐
- an einem beigefügten Adjektiv ☐
- an einem vorangestellten Pronomen ☐
- an einer vorangestellten Präposition ☐
- an einer vorangestellten unbestimmten Mengenangabe ☐

Sowohl das Anredepronomen *Sie* als auch das dazugehörende Possessivpronomen *Ihr* und seine Formen schreibst du groß. ☐

Die Anredepronomen *du* und *ihr* mit den entsprechenden Possessivpronomen *dein*, *euer* und allen Deklinationsformen schreibst du klein. Nur in Briefen kannst du diese Pronomen auch großschreiben. ☐

1

Groß oder klein? Unterstreiche alle Buchstaben, die in dem folgenden Text großgeschrieben werden müssen.

Übertrage anschließend den gesamten Text noch einmal in der richtigen Schreibweise in dein Trainingsheft.

viele eltern und großeltern trauern den zeiten des fernsehens nach, als es nur wenige programme gab und auch spätabends nur selten etwas brutales auf der mattscheibe zu sehen war. heute dagegen laufen rund um die uhr zahlreiche programme, kein thema wird ausgespart, selbst für erwachsene ist das angebotene oft nur schwer verdaulich.

die bewegten bilder üben eine magische anziehung auf kinder aus. manche sind so in den bann gezogen, dass das abschalten schwer fällt. kritisch wird es vor allem, wenn kinder nur noch vor der mattscheibe hocken und ihnen die lust zum lesen oder zum herumtoben und spielen mit anderen vergangen ist. nur über das hören und sehen lässt sich die welt nicht kennen lernen. zudem müssen kinder nach ansicht von medizinern rennen, springen, klettern, fallen und im matsch wühlen, um sich gesund zu entwickeln.

Gesamtpunkte: max. 37

Überprüfe nun dein Ergebnis im Lösungsteil und gib dir für jede richtige Antwort einen Punkt. **Du kannst maximal 37 Punkte erreichen.**

32 – 37 Punkte:
Bravo, groß oder klein macht dir keine Schwierigkeiten.

20 – 31 Punkte:
Gutes Ergebnis, aber du kannst dich noch verbessern. Wiederhole einzelne Übungen.

0 – 20 Punkte:
Es wäre gut, wenn du dich nochmal mit dem Kapitel beschäftigst.

Grammatik und Zeichensetzung

1 Wortarten

Beim Sprechen oder Schreiben in der deutschen Sprache verwendest du Wörter aus acht **Wortarten**. Jede dieser Wortarten erfüllt für den Inhalt einer Aussage oder eines Satzes eine besondere Aufgabe.
Im folgenden Kapitel lernst du fünf Wortarten näher kennen.

1.1 Das Nomen und seine Formen

Nomen und Artikel

Ein Nomen (Substantiv, Hauptwort) bezeichnet *Lebewesen* und *Gegenstände*, aber auch *Gedanken* und *Gefühle*. Nomen werden immer **großgeschrieben**.

Beispiele: Vogel, Computer, Idee, Wunsch, Hunger

Ein Nomen wird meistens von einem **Artikel** begleitet. Man unterscheidet zwischen dem **bestimmten** und dem **unbestimmten** Artikel.
Die bestimmten Artikel (der, die, das) bezeichnen etwas bereits Bekanntes. Die Mehrzahlform lautet **die**.

Beispiele: der Computer – **die** Computer, **die** Blume – **die** Blumen, **das** Auto – **die** Autos.

Der unbestimmte Artikel (ein, eine, ein) bezeichnet etwas noch nicht näher Bekanntes, das zum ersten Mal genannt wird. Von diesen Artikeln kannst du keine Mehrzahl (Plural) bilden: **ein** Bär – aber: -- Bären.

Genus und Numerus des Nomens

Jedes Nomen hat ein Geschlecht (Genus). Wir unterscheiden zwischen **Maskulinum** (*männlich*; der Vater), **Femininum** (*weiblich*; die Mutter) und **Neutrum** (*sächlich*; das Kind).
Das Geschlecht des Nomens wird dir durch den bestimmten oder unbestimmten Artikel angezeigt, der das Nomen begleitet.

In vielen Fällen stimmt der begleitende Artikel allerdings nicht mit dem natürlichen Geschlecht des Nomens überein.
Beispiel: Das Mädchen ist eine *weibliche* Person, während **der** Hammer ebenso eine Sache (*Neutrum*) ist wie **die** Bürste.
Das Genus bezeichnet also das **grammatische Geschlecht**.

Die meisten Nomen kommen sowohl im **Singular** (Einzahl) als auch im **Plural** (Mehrzahl) vor. Mit diesen Begriffen gibt man den **Numerus** (die Anzahl) an. Von vielen Nomen, die sich bereits auf eine Menge beziehen (wie etwa Butter, Obst, Laub), kannst du keinen Plural bilden.
Bei der Pluralbildung eines Nomens verändert sich meistens dessen Form. Dies geschieht durch

1. Endungen	der Motor – die Motor**en**
	das Auto – die Auto**s**
2. Umlaute	der Vogel – die V**ö**gel
3. Kombination von beiden	das Nashorn – die Nash**ö**rn**er**

Nur wenige Nomen bleiben im Plural unverändert.
Beispiel: der Löffel – die Löffel

Der Kasus

Die Rolle, die einem Nomen in einem Satz zukommt, wird durch den **Kasus** (Fall) angezeigt.
Mithilfe bestimmter Fragen unterscheidest du vier Fälle:

1. Fall (**Nominativ**)	
Du fragst: **Wer** oder **was**?	**Die Katze** schläft.
	Die Katzen schlafen.
2. Fall (**Genitiv**)	
Du fragst: **Wessen**?	Das Fell **der Katze** glänzt.
	Die Felle **der Katzen** glänzen.
3. Fall (**Dativ**)	
Du fragst: **Wem**?	**Der Katze** geht es gut.
	Den Katzen geht es gut.
4. Fall (**Akkusativ**)	
Du fragst: **Wen** oder **was**?	Das Kind füttert **die Katze**.
	Die Kinder füttern **die Katzen**.

Die Veränderung des Kasus wird als **Deklination** bezeichnet. Nomen gehören also zu den Wortarten, die wir **deklinieren** können.

1

Dieser Bandwurm hat 15 Nomen verschluckt. Löse sie heraus und trage sie mit dem passenden bestimmten und unbestimmten Artikel in die Tabelle ein:

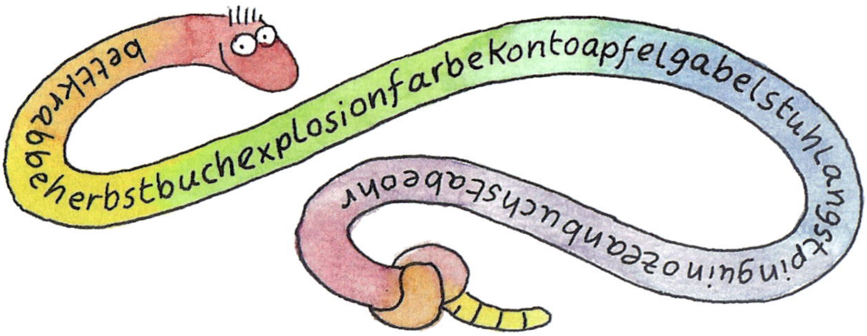

der/die/das	ein/eine

2

Bilde die Pluralformen. Streiche die Wörter durch, die keine Pluralform haben.

a) Pilot ____________ b) Zahn ____________
c) Park ____________ d) Fenster ____________
e) Käse ____________ f) Mann ____________
g) Muster ____________ h) Obst ____________
i) Floß ____________ j) Flosse ____________
k) Hass ____________ l) Lamm ____________

3

Setze in den Lückentext die fehlenden unbestimmten und bestimmten Artikel ein. Verwende sie in der Form, die in Kasus, Numerus und Genus zu dem nachfolgenden Nomen passt.

Sprechende Tiere

________ Leben in ________ Meeren und Seen hat ________ Fantasie ________ Menschen schon immer beschäftigt. Besonders interessieren sich ________ Wissenschaftler für ________ Meeresbewohner, ________ Delfin. ________ Lebensweise ________ Delfine wird in vielen Instituten ________ Erde erforscht. ________ Resultate ihrer Arbeit stellen ________ Forscher in Büchern, Filmen und im Fernsehen vor. So wissen wir, dass ________ Delfine sehr intelligente und lernfähige Tiere sind. Aber können sie wirklich sprechen? In ________ Film hat man ________ Verhalten von Delfinen aufgezeichnet und mithilfe von Mikrofonen ihre Laute registriert. Pfeiftöne in verschiedenen Tonhöhen waren zu hören. ________ Wissenschaftler nehmen an, dass ________ unterschiedlichen Laute ________ ähnliche Bedeutung haben wie ________ Buchstaben ________ Alphabets oder wie einfache Wörter. Aus zwei Lauten setzen ________ Delfine ________ erforderliche Information zusammen. ________ exakte Erklärung für deren Bedeutung gibt es aber noch nicht.

4

Bestimme bei den folgenden, mit dem bestimmten Artikel versehenen Nomen Kasus, Numerus und Genus. In vier Fällen sind zwei Bestimmungen möglich. Verwende dabei folgende Abkürzungen:

Kasus	*Nominativ*: Nom.; *Genitiv:* Gen.; *Dativ:* Dat.; *Akkusativ:* Akk.
Numerus	*Singular:* Sg.; *Plural:* Pl.
Genus	*Maskulinum:* Mask.; *Femininum:* Fem.; *Neutrum:* Neutr.

a) das Flugzeug: *Nom. Sg., Neutr.* ______ ____, ______

b) der Klarinette: ______ ____, ______ ______ ____, ______

c) den Zähnen: ______ ____, ______

d) die Haselnüsse: ______ ____, ______ ______ ____, ______

e) der Pilotin: ______ ____, ______ ______ ____, ______

f) des Nashorns: ______ ____, ______

5

Bestimme Kasus und Numerus der einzelnen farbig hervorgehobenen Nomen und trage beides jeweils dahinter in die Klammer ein. Verwende dabei die oben angegebenen Abkürzungen.

Kolumbus im Sturm

Im Verlauf **der Nacht** (*Gen., Sg.*) wurde aus **dem Sturm** (______ , ____) ein Orkan. **Die Wellenberge** (______ , ____), immer größer werdend, stürzten sich von allen Seiten auf die „Niña“ und drohten **das Schiff** (______ , ____) zu zerschmettern. **Kolumbus** (______ , ____) befahl, das Segel **des Mittelmastes** (______ , ____) ganz tief zu setzen, um so das Schiff vor **den anstürmenden Wassermassen** (______ , ____) etwas zurückzuhalten. Aber auch das half nichts. Die Gefahr wurde immer größer, und es blieb **Kolumbus** (______ , ____) kein anderer Weg, als den Gewalten **des Sturmes** (______ , ____) **freien Lauf** (______ , ____) zu lassen.

1.2 Pronomen

Pronomen (Fürwörter) sind Wörter, die stellvertretend für („pro") ein Nomen stehen können.

Personalpronomen

Das Personalpronomen (persönliches Fürwort) bezeichnet stellvertretend für ein Nomen *Lebewesen*, *Gegenstände* oder *Begriffe*. Du unterscheidest zwischen 1., 2. und 3. Person.

Personalpronomen deklinierst du wie Nomen:

Singular	*1. Person*	*2. Person*	*3. Person*		
Nominativ	ich	du	er	sie	es
Genitiv	meiner	deiner	seiner	ihrer	seiner
Dativ	mir	dir	ihm	ihr	ihm
Akkusativ	mich	dich	ihn	sie	es

Plural	1. Person	2. Person	3. Person
Nominativ	wir	ihr	sie
Genitiv	unser	euer	ihrer
Dativ	uns	euch	ihnen
Akkusativ	uns	euch	sie

Um ein Personalpronomen genauer zu bestimmen, bezeichnet man es mit *Person*, *Numerus* und *Kasus*.

Beispiel: Ich (1. Person Singular, Nominativ) höre **euch** (2. Person Plural, Dativ) zu.

Possessivpronomen

Das Possessivpronomen (besitzanzeigendes Fürwort) drückt Besitzverhältnisse oder Zugehörigkeit aus. Es wird immer als Begleitwort eines Nomens verwendet, mit dem es in Numerus und Kasus übereinstimmt. Auch hier unterscheidest du zwischen 1. Person (**mein**; **unser**), 2. Person (**dein**; **euer**) und 3. Person (**sein**, **ihr**; **ihr**).

Fragepronomen

Das Fragepronomen (Fragefürwort, Interrogativpronomen) fragt nach Personen, Gegenständen, Begriffen oder Sachverhalten (z. B. **wer**, **was**, **wann**).

Alle Fragepronomen beginnen mit **w-** und stehen jeweils am Beginn eines Fragesatzes.

Beispiel: „**Wer** hat das Licht brennen lassen?“

Von Fragepronomen gibt es keine Pluralform.

1

Setze in den folgenden Lückentext die fehlenden Personalpronomen ein.

Der Löwe und die Ziege

Auf einem sehr steilen Felsen erblickte ein Löwe eine Ziege. „Warum kommst ______“, rief ______ ______ zu, „nicht auf diese schöne fette Wiese herunter, wo ______ die trefflichsten Gräser und Kräuter findest, während ______ dort oben hungern musst.“

„______ danke ______ schön für dein Angebot“, sprach die kluge Ziege, die wohl die Absicht des Löwen erkannte. „______ liegt mehr an meinem Fleisch als an meinem Hunger. Hier oben bin ______ vor ______ sicher, während ______ ______ dort unten sofort verschlingen würdest.“

2

Stelle den Nomen jeweils das passende Possessivpronomen voran.

ich	*mein* Hammer	______ Säge	______ Beil	______ Schrauben
du	______ Füller	______ Mappe	______ Lineal	______ Hefte
er	______ Fuß	______ Hand	______ Ohr	______ Augen
sie	______ Schuh	______ Mütze	______ Kleid	______ Strümpfe
es	______ Ball	______ Murmel	______ Poster	______ Autos
wir	______ Zug	______ U-Bahn	______ Boot	______ Flugzeug
ihr	______ Teller	______ Gabel	______ Messer	______ Tassen
sie	______ Stuhl	______ Bank	______ Sofa	______ Hocker

3

Wandle die Sätze in Ausdrücke mit dem passenden Possessivpronomen um.

Beispiel: Der Computer gehört mir. mein Computer

Wir haben zwei Katzen. ____________________

Du bist dieser Meinung. ____________________

Ich mache Urlaub. ____________________

Er verachtet sie. ____________________

Ihr habt geerbt. ____________________

Sie sind sehr müde. ____________________

Sie war enttäuscht. ____________________

Du schnarchst. ____________________

4

Schließe aus der Antwort (A) auf das fehlende Fragepronomen.

________	liegt Hamburg?	A: An der Elbe
________	hast du mir nicht geholfen?	A: Ich war krank
________	hat heute Geburtstag?	A: Markus
________	zieht eure Familie?	A: Nach Köln
________	willst du das schaffen?	A: Üben, üben, üben
________	hast du dir dabei gedacht?	A: Nichts
________	geht dein Flieger?	A: Morgen Nachmittag
________	stammt das Geld?	A: Aus einem Banküberfall

1.3 Das Adjektiv

Mithilfe von **Adjektiven** (Eigenschaftswörter) **kennzeichnen** und **bewerten** wir die Merkmale und Eigenschaften von Lebewesen und Gegenständen oder auch von Handlungen und Sachverhalten. Adjektive werden **kleingeschrieben**.

Häufig steht ein Adjektiv zwischen einem Artikel und einem Nomen.

Beispiel: der **bunte** Papagei, die **anstrengende** Wanderung

Bei solch **attributiver** (beigefügter) Verwendung wird das Adjektiv wie das Nomen dekliniert, auf das es sich bezieht: Adjektiv und Nomen stimmen also in Kasus, Numerus und Genus überein.

Beispiel: der bunte Papagei (Nom. Sg., Mask.)
die bunt**en** Papagei**en** (Nom. Pl., Mask.)

Steigerung von Adjektiven: Komparation

Die meisten Adjektive lassen sich **steigern**. Auf diese Weise kannst du Lebewesen, Gegenstände, Handlungen oder Sachverhalte voneinander unterscheiden und miteinander vergleichen. Dabei drückst du aus, dass sie zwar dieselben Eigenschaften, aber in einem unterschiedlichen Grad besitzen. Die Steigerung von Adjektiven nennt man **Komparation**.
Wir unterscheiden drei Stufen:

Positiv (Grundstufe)	schwer
Komparativ (Vergleichsstufe)	schwerer
Superlativ (Höchststufe)	am schwersten

Bei **regelmäßiger** Steigerung wird der Komparativ durch Anhängen der Endung *-er* gebildet, der Superlativ mit *-(e)st*.

Manche Adjektive werden **unregelmäßig** gesteigert:

gut – bess**er** – am b**est**en

Einige Adjektive lassen sich schon von ihrer Bedeutung her nicht weiter steigern.

Beispiele: absolut, ideal, maximal, optimal, total

1

Lies den folgenden Text gut durch und unterstreiche die Adjektive.

Der nasse Himmel hängt wie Blei über dem kleinen Hafen in der schmalen Meeresbucht. Die schneebedeckten Bergkuppen verlieren sich im dichten Nebel, der eisige Wind lässt Nase und Ohren frieren. Zum Glück haben sich die Männer vor der Abfahrt des Schiffes mit dicken Wollpullovern eingedeckt; die helfen auch gegen den ständigen Nieselregen. Die vier Besatzungsmitglieder des alten Fischkutters sind die heutigen Nachfahren jener wagemutigen Seefahrer, der Wikinger. Ihre abgearbeiteten Hände umklammern die Reling, ihre zerfurchten Gesichter schauen hinaus auf das graue Meer. Harte Wochen liegen vor den Männern, Wochen, in denen schwere Winterstürme über die aufgewühlte See jagen und in denen hier am Polarkreis der Tag fast so aussieht wie die Nacht. Da ist dann nichts als das schwarze Brausen der See und das wilde Rollen des Schiffes.

2

In diesem Buchstabenraster haben sich sieben Adjektive versteckt. Eines wurde schon entdeckt. Finde die sechs noch verborgenen Adjektive heraus und markiere sie rot.

d	f	s	a	u	e	r	z	s
a	w	ü	t	e	n	d	t	h
c	f	s	c	h	n	e	l	l
h	q	ö	z	m	ü	d	e	p
g	e	l	b	d	j	p	u	m
k	x	r	ö	m	i	s	c	h
w	e	i	n	z	i	g	r	a

3

Ergänze den Lückentext. Beachte, dass du die Adjektive noch deklinieren musst, damit sie zu dem folgenden Nomen passen.

__________________ Maya-Tempel und die Rätsel __________________

Kulturen, __________________________________ Regenwald,

____________________ Begegnungen mit ______________________

Menschen und Traditionen – wer nach Mexiko reist, wird mit

_____________________________ Erlebnissen belohnt.

4

Setze die fehlenden Komparationsformen ein.
Tipp: Eines der Adjektive lässt sich nicht steigern.

Positiv	Komparativ	Superlativ
modern		
		am strengsten
	höher	
einzig		
	teurer	
fröhlich		
		am gröbsten
	mehr	

1.4 Die Präposition

Präpositionen bezeichnet man auch als Verhältniswörter, denn sie werden in der Sprache gebraucht, um Verhältnisse oder Beziehungen auszudrücken, in denen Lebewesen und Dinge zueinander stehen.

Mithilfe von Präpositionen kannst du **räumliche** (*hinter* der nächsten Kurve) und **zeitliche** (*vor* Einbruch der Dunkelheit) Verhältnisse bezeichnen, die **Art und Weise** (*mit* voller Wucht) angeben oder einen **Grund** (*wegen* des Feiertages) anführen.

Präpositionen sind in ihrer Verwendung nicht eindeutig festgelegt: *in* und *nach* kannst du zum Beispiel sowohl räumlich als auch zeitlich verwenden, *aus* entweder räumlich oder begründend.

Beispiel: in Hamburg, **nach** Hamburg – **in** drei Stunden, **nach** drei Stunden, **aus** dem hohen Norden, **aus** Angst.

Eine Präposition steht zumeist vor einem Nomen mit Begleiter.

1

Bilde zu den paarweise angeordneten Nomen einen Satz und setze sie dabei durch eine Präposition in ein Verhältnis zueinander.

Beispiel: Wärme – Reibung = Wärme entsteht **durch** Reibung.

a) Bild – Wand = ____________________

b) Herbst – Blätter = ____________________

c) Geldnot – Banküberfall = ____________________

d) Blumen – Vase = ____________________

e) Gespräch – Polnisch = ____________________

f) Ferien – Segelkurs = ____________________

2

Benenne nun das Verhältnis, in das du die beiden Nomen zueinander gebracht hast (*zeitliches Verhältnis*; *räumliches Verhältnis*; *Grund*; *Art und Weise*).

Beispiel: Wärme entsteht durch Reibung. → Grund

a) Bild – Wand = ____________________

b) Herbst – Blätter = ____________________

c) Geldnot – Bankraub = ____________________

d) Blumen – Vase = ____________________

e) Gespräch – Polnisch = ____________________

f) Ferien – Segelkurs = ____________________

3

Vervollständige den nachfolgenden Lückentext, indem du jeweils die passende Präposition einfügst.

Heck-Meck

Selbst jetzt __________ Winter war der Hausmeister dabei, die Buchsbaumhecke rund __________ das Vorgärtchen zu bearbeiten. Mindestens einmal __________ der Woche stutzte er sie auf exakt einen Meter. Anschließend kontrollierte er __________ Zollstock und Wasserwaage, ob sie auch akkurat hundertprozentig gerade war. Er machte ein unglaubliches Theater __________ der hässlichen Hecke. Wehe, jemand krümmte ihr auch nur ein Blättchen! Schon kam Herr Nudelbeck __________ der Gardine hervorgeschossen, __________ der er den ganzen Tag mit seinem ewig kläffenden Pudel auf der Lauer lag.

Gaby Falk (*1949)

Checkliste: Wortarten

Damit du bei den Wortarten den Überblick behältst, solltest du noch einmal kontrollieren, ob dir folgende Punkte klar sind.

Es gibt vier veränderbare Wortarten:

- **Nomen** (Substantiv, Hauptwort) ☐
- **Artikel (Begleiter)** ☐
  bestimmte und **unbestimmte** Artikel
- **Pronomen** (Fürwort) ☐
  Personalpronomen, **Possessivpronomen**, **Fragepronomen**
- **Adjektiv** (Eigenschaftswort) ☐

Die genannten vier Wortarten können sich verändern:

- im **Numerus** (Anzahl) nach
  Singular (Einzahl) und **Plural** (Mehrzahl) ☐
- im **Genus (grammatisches Geschlecht) nach**
  Maskulinum, **Femininum** und **Neutrum** ☐
- im **Kasus** (Fall) nach

	Singular	Plural	
Nominativ (*wer* oder *was*?)	der Mann	die Männer	☐
Genitiv (*wessen*?)	des Mannes	der Männer	☐
Dativ (*wem*?)	dem Mann	den Männern	☐
Akkusativ (*wen* oder *was*?)	den Mann	die Männer	☐

Die Veränderung des Kasus bezeichnen wir als **Deklination**.
Nomen, Artikel, Pronomen und Adjektive lassen sich **deklinieren**. ☐

Nicht verändern lässt sich die Präposition (Verhältniswort). ☐

Das Adjektiv kann gesteigert werden. Es gibt drei Steigerungsstufen: **Positiv** (Grundstufe), **Komparativ** (Vergleichsstufe), **Superlativ** (Höchststufe). Die Steigerung von Adjektiven bezeichnet man als **Komparation**. ☐

1

Setze die fehlenden **unbestimmten** und **bestimmten Artikel** in der richtigen Form ein. Trage anschließend hinter den farbig hervorgehobenen Nomen deren **Kasus** und **Numerus** ein.
Verwende folgende Abkürzungen: *Singular* = Sg.; *Plural* = Pl.; *Nominativ* = Nom.; *Genitiv* = Gen.; *Dativ* = Dat.; *Akkusativ* = Akk.

Als ich noch kurze **Hosen** (_______ , _____) trug, war zwei Querstraßen weiter und drei Häuser links bei **Bäcker Mehltau** (_______ , _____) _______ Glück zu Hause. Es steckte in ___________ Holzkasten, den sogar ich bequem hätte davontragen können. In ___________ Einwurfschlitz dieses **Kastens** (_______ , _____) hatte man zehn **Groschen** (_______ , _____) zu stecken, ___________ **Knopf** (_______ , _____) zu drücken, und dann fiel, nach ___________ kleinen spannungsgeladenen Pause, ___________ **Kugel** (_______ , _____) heraus. Rot, grün, braun, blau. Je nach ihrer Farbe bekam man ___________ Stück Kuchen über ___________ Ladentisch gereicht. Meine **Mutter** (_______ , _____) behauptete, auf diese Weise würde Bäcker Mehltau seine altbackene **Ware** (_______ , _____) los. Ich aber hatte es nicht auf Gebäck abgesehen, mir stand **Höheres** (_______ , _____) im Sinn. Ich wollte ___________ goldene Kugel, ___________ Glück selbst. Fiel die heraus, bekam man ___________ ganzen **Kasten Konfekt** (_______ , _____).

Eduard Klein (*1923)

Punkte: max. 21

2

Unterstreiche in dem folgenden Text die **Personalpronomen** rot und die **Possessivpronomen** blau.

Aus dem Tagebuch an meine Töchter

Heute war wieder so ein Tag. Ich bin noch einmal in eure Zimmer gegangen, und ihr seid beide hochgeschreckt. Nervös und mit nassen Haaren; habt gesagt, dass ihr nicht schlafen könnt, wie spät es denn sei. Ich habe euch zugedeckt, habe euch über die Stirn gestrichen, habe dabei an meine Mutter gedacht, habe mir gesagt: Sie sind gar nicht richtig wach, und ihr seid in einen unruhigen Schlaf zurückgekehrt.

Punkte: max. 11

3

Bestimme in der Fortsetzung des Textes die farblich hervorgehobenen **Pronomen** nach **Person, Numerus und Kasus**.
Verwende dabei die folgenden Abkürzungen: *Person* = Pers.; *Singular* = Sg.; *Plural* = Pl.; *Nominativ* = Nom.; *Genitiv* = Gen.; *Dativ* = Dat.; *Akkusativ* = Akk.

Einmal hat mich (_______ , _____) einer eurer (_______ , _____) Lehrer gefragt: ob meine (_______ , _____) Tochter denn Schwierigkeiten mit dem Einschlafen habe, wenn eine Prüfungsarbeit bevorstünde. Ich (_______ , _____) habe ihm (_______ , _____) davon erzählt, habe mir (_______ , _____) angehört, wie er (_______ , _____) sagte, das sei schlimm. Aber wir (_______ , _____) konnten es nicht ändern. Er (_______ , _____) ist dann immer freundlich zu dir (_______ , _____) gewesen, meine (_______ , _____) kleinere Tochter; du (_______ , _____) hast ihn (_______ , _____) sehr gemocht. Deine (_______ , _____) Angst hat er (_______ , _____) dir (_______ , _____) nicht genommen.

Punkte: max. 16

Angelika Mechtel (1943–2000)

4

Setze die vorgegebenen **Adjektive** in der passenden deklinierten Form in den Text ein.

Zwischen Euphrat und Tigris

Schon 500 Jahre vor den **(alt)** __________ Ägyptern haben die Sumerer im **(südlich)** __________ Mesopotamien, im Schwemmland zwischen Euphrat und Tigris, eine **(früh)** __________ Hochkultur entwickelt. Zwischen 4000 und 3000 v. Chr. entstanden dort die **(alt)** __________ **(bekannt)** __________ Städte der Menschheit. Die Sumerer lebten in **(einzeln)** __________ Stadtstaaten, die von Fürsten mithilfe von **(zahlreich)** __________ Beamten regiert wurden. Mittelpunkt des **(politisch)** __________ und **(religiös)** __________ Lebens war der Tempel des Stadtgottes. Die Erfindung der Keilschrift war die **(groß)** __________ **(wissenschaftlich)** __________ Leistung der Sumerer.

Punkte: max. 11

5

Entscheide, welches der folgenden Adjektive zu welchem Satz passt und füge es in seiner richtigen Superlativform ein.

lang – hoch – viel – tief

a) Als der __________ Berg der Welt gilt der Mount Everest.

b) Bombay ist weltweit die Stadt mit den __________ Einwohnern.

c) Der Nil gilt als __________ Fluss der Welt.

d) Die __________ Meeresstelle der Erde liegt im Marianen-Graben.

Punkte: max. 4

6

Füge aus der folgenden Liste jeweils eine **Präposition** an der passenden Stelle in den Lückentext ein. Bestimme anschließend in den Klammern das **Verhältnis**, das von der jeweiligen Präposition ausgedrückt wird.

auf – aus (2x) – beim – im (2x) – mit – über (2x) – über … hinweg

Treffer

Der plötzliche Lärm aber hatte eine dicke Elster aufgeschreckt, die _______ Nachbargarten (______________) _______ Baum (______________) gesessen hatte. Laut keckernd flog sie tief _________ ihre Köpfe ______________ (______________) los. Ob _______ Angst (______________) oder _______ Protest (______________), war schwer zu sagen – auf jeden Fall entflutschte ihr _________ Abflug (______________) eine saftige Portion Vogeldreck, die _______ voller Wucht (______________) _______ dem spiegelglatten Kopf (______________) des Hausmeisters landete. Dieser ließ sofort ein wütendes Gebrüll los. Aber das war der Soße egal. Sie lief ihm _________ das linke Auge (______________) und bahnte sich rasend schnell einen Weg _________ die schlecht rasierten Wangen (______________) des Mannes.

Punkte: max. 11

Überprüfe nun deine Antworten im Lösungsteil und gib dir für jede richtige Antwort einen Punkt. **Du kannst maximal 74 Punkte erreichen.**

Gesamtpunkte: max. 74

68 – 74 Punkte:
Bravo, das hast du sehr gut gemacht!

45 – 67 Punkte:
Du bist schon ziemlich gut, überprüfe, was dir noch Schwierigkeiten macht und wiederhole einzelne Übungen.

21 – 44 Punkte:
Nicht schlecht, aber wenn du ein paar Übungen wiederholst, kannst du dich sicher noch verbessern.

0 – 20 Punkte:
Beim Thema Wortarten bist du noch nicht so sicher. Wiederhole einzelne Übungen oder das ganze Kapitel.

2 Eine Wortart für sich: Verben

Mithilfe von **Verben** (Tätigkeitswörtern) bezeichnest du Handlungen, Vorgänge und Zustände. Das Verb gehört zu den veränderbaren Wortarten, allerdings verändern wir Verben auf eine ganz eigene Art und Weise.

2.1 Die Personalform des Verbs

Im Wörterbuch findest du ein Verb immer in seiner Grundform, dem **Infinitiv**. Dieser setzt sich aus dem **Wortstamm** eines Verbs und der Endung -**en** oder -**n** zusammen. Verben werden immer kleingeschrieben.

Beispiele: blüh**en**, schüttel**n**

In den meisten Fällen verwendest du Verben aber nicht im Infinitiv, sondern in abgewandelter Form. Verben lassen sich unterschiedlich abwandeln oder – wie es auch genannt wird – **beugen**.
Man nennt dies auch **Konjugation**.

Du **konjugierst** ein Verb bereits automatisch, wenn du es in Verbindung mit einem Nomen oder einem Personalpronomen in der **Personalform** gebrauchst.

Beispiel: der Lehrer **lacht**; du **lachst**.

Du unterscheidst sechs Personalformen, die nach der **Person** (1., 2., 3. Person) und nach dem **Numerus** (Singular / Plural) bestimmt sind.

1. Person Singular:	**ich** lache	1. Person Plural:	**wir** lachen
2. Person Singular:	**du** lachst	2. Person Plural:	**ihr** lacht
3. Person Singular:	**er / sie / es** lacht	3. Person Plural:	**sie** lachen

Imperativ

In abgewandelter Form verwendest du Verben auch dann, wenn du jemanden zu etwas aufforderst.
Beispiele: „Gehe!", „Geht!", „Gehen Sie!"

Die Aufforderungsform des Verbs wird als **Imperativ** bezeichnet.

1

Bilde die Personalformen der beiden Verben *singen* und *schütteln*.

Person	Singular	Plural
1. Pers.		
2. Pers.		
3. Pers.		

2

Bestimme die Personalformen.

sie schwitzen = *3. Pers. Plural*

du kochst = ______

wir üben = ______

sie grinst = ______

ich schlafe = ______

ihr fegt = ______

3

Bilde zu den angegebenen Verben die Imperative.

rennen	*Renne!*	*Rennt!*	*Rennen Sie!*
kaufen			
sprechen			
aufhören			
schweigen			

2.2 Die Zeitformen des Verbs – Präsens und Präteritum

Zur Konjugation von Verben gehören neben den Personalformen auch die verschiedenen Zeitformen (**Tempora**). Mit den Zeitformen des Verbs kannst du **Handlungen**, **Vorgänge** und **Zustände** zeitlich einordnen, also ausdrücken, wann sie sich ereignen oder bestehen.
Die so genannten **einfachen Tempusformen** Präsens und Präteritum bildest du nur mit dem **Vollverb**.

Das **Präsens** (Gegenwartsform) verwendest du

- für ein **Geschehen**, das sich in der **Gegenwart** ereignet
  Beispiel: Ich schreibe (gerade) einen Brief.
- für eine **Aussage**, die **allgemein** oder **immer gültig** ist
  Beispiel: Lesen bildet.
- wenn du es in Verbindung mit einer **Zeitangabe** gebrauchst, auch für ein **Geschehen**, das in der **Zukunft** stattfinden wird.
  Beispiel: Morgen lese ich drei Kapitel.

Du **bildest** das Präsens, indem du bei der Konjugation der Verben an den Wortstamm eine entsprechende **Personalendung** anhängst.
Beispiele: ich lach**e**, du lach**st**, sie lach**t**

Das **Präteritum** (einfache Vergangenheitsform) verwendest du, um ein **vergangenes abgeschlossenes Geschehen** festzuhalten.
Beispiel: Ich schrieb meiner Oma vor zwei Tagen einen Brief.
In den meisten Fällen verwendest du diese Zeitform aber nur dann, wenn du von Vergangenem in **schriftlicher** Form erzählst oder berichtest.

Bei der **Bildung** des Präteritums beachtest du:
Je nachdem, wie die einzelnen Verben ihre Präteritumformen bilden, werden sie in **schwache, starke und unregelmäßige** Verben eingeteilt.

- **Schwache** Verben bilden das Präteritum mit der Silbe -**te**:
  Beispiel: ich lach-**te**, du lach-**te**-st, er lach-**te**
- Bei **starken** Verben verändert sich der Vokal des Wortstamms:
  Beispiel: s**i**ngen Wortstamm: s**i**ng- Präteritum: ich s**ang**
- Bei den **unregelmäßigen** Verben wird im Präteritum sowohl der Stammvokal verändert als auch die Silbe -**te** an- bzw. eingefügt.
  Beispiel: r**e**nnen ich r**a**nn-**te**, du r**a**nn-**te**-st

1

Bilde zu folgenden Verben die Präsensform. Achte darauf, welche Personalform vorgegeben ist

Beispiel: träumen (**3. Pers. Singular**) *er träumt*

rudern **(2. Pers. Plural)** ______________________

raten **(2. Pers. Singular)** ______________________

wissen **(1. Pers. Plural)** ______________________

lächeln **(3. Pers. Plural)** ______________________

springen **(1. Pers. Singular)** ______________________

2

Wandle nun die Präsensform in die Form des Präteritums um.

Beispiel: träumen (**3. Pers. Singular**) *er träumte*

rudern **(2. Pers. Plural)** ______________________

raten **(2. Pers. Singular)** ______________________

wissen **(1. Pers. Plural)** ______________________

lächeln **(3. Pers. Plural)** ______________________

springen **(1. Pers. Singular)** ______________________

3

Starkes, schwaches oder unregelmäßiges Verb? Ordne die Präteritumformen aus der vorigen Aufgabe in die folgende Tabelle ein.

stark	**schwach**	**unregelmäßig**
	er träumte	

2.3 Die Zeitformen des Verbs – Perfekt, Plusquamperfekt und Futur

Während Präsens und Präteritum die einfachen Tempusformen bilden, handelt es sich bei allen anderen Tempora um **zusammengesetzte** Zeitformen, die du mit einer Verbform und einem der **Hilfsverben werden**, **haben** oder **sein** bildest.

Das **Perfekt** verwendest du

- wenn du ein Geschehen ausdrücken willst, das zwar in der Vergangenheit abgeschlossen ist, dessen Ergebnis oder Folge aber bis in die Gegenwart fortwirken.
  Beispiel: Du **hast** den ganzen Nachmittag **gelernt**. Folge: Jetzt beherrschst du die Tempusformen.

Das Perfekt bildest du mit der Personalform der Hilfsverben *haben* oder *sein* im Präsens und dem **Partizip Perfekt** eines Vollverbs. Beachte:

- **schwache Verben** bilden das Partizip Perfekt, indem sie dem Wortstamm die Vorsilbe **ge**- voranstellen und hinten ein -**t** anfügen.
  Beispiel: Ihr habt **ge**- lach -**t**.
- **starke Verben** bilden das Partizip Perfekt am Ende mit -**en**
  Beispiel: Wir haben **ge**- trunk -**en**.

Das **Plusquamperfekt** steht in enger Verbindung zum Präteritum. Du verwendest es, wenn du von einem Ereignis oder einem Geschehen berichtest, das noch weiter zurückliegt als die Ereignisse, von denen in der Vergangenheit erzählt wird.

Beispiele: Der Hund, der einen Knochen ausgegraben hatte, kaute zufrieden darauf herum.

Du bildest das Plusquamperfekt mit der Personalform der Hilfsverben *haben* oder *sein* – allerdings im Präteritum – und dem **Partizip Perfekt** eines Vollverbs.

Beispiele: Du **hattest gelernt**. Du **warst geschwommen**.

Mit dem **Futur** kündigst du ein zukünftiges Geschehen an. Du bildest es, indem du eine Personalform des Hilfsverbs *werden* im Präsens mit dem Infinitiv des Vollverbs verknüpfst.

Beispiele: Ich **werde** dir **helfen**. Du **wirst gewinnen**.
Sie **werden absteigen**.

1

Bilde zu folgenden Verben im Infinitiv das Partizip Perfekt.

singen ____________ bringen ____________

malen ____________ studieren ____________

stehen ____________ schlafen ____________

2

haben oder **sein**? Setze die Verben mit dem richtigen Hilfsverb in das Perfekt der vorgegebenen Personalform.

Beispiel: reiten **(1. Pers. Singular)** *ich bin geritten*

verschwinden **(3. Pers. Singular)** ____________

verschlafen **(1. Pers. Plural)** ____________

abwaschen **(2. Pers. Singular)** ____________

rutschen **(1. Pers. Singular)** ____________

fliegen **(2. Pers. Plural)** ____________

lernen **(3. Pers. Plural)** ____________

3

Übertrage die konjugierten Verben in die entsprechende Form des Plusquamperfekts.

du liest ____________

wir sind gerannt ____________

ich werde helfen ____________

ihr frort ____________

sie gehen ____________

sie log ____________

er wird gewinnen ____________

4

Präteritum oder Plusquamperfekt? Trage die Verben in der richtigen Zeitform ein.

Michael ______________ (sein) richtig sauer. Er ______________ (jubeln), als er endlich genug Geld ______________ (sparen), gestern ins Kaufhaus ______________ (gehen) und sich das ersehnte Computerspiel ______________ (kaufen). Und nun ______________ (lassen) sich das Spiel auf seinem Computer nicht starten. Der Verkäufer ______________ (sagen), dass es ganz leicht zu installieren sei. Michael ______________ (befolgen), was die Installationshinweise ______________ (vorschreiben). Er ______________ (wissen) schon gar nicht mehr, wie oft er auf „Start" ______________ (klicken). Doch auf dem Bildschirm ______________ (erscheinen) immer die gleiche Fehlermeldung. Wie ______________ (können) er Lara Croft auf seinem Rechner nur zum Laufen bringen?

Checkliste: Verb

Nachdem du das Kapitel über das Verb durchgearbeitet hast, weißt du, dass

- die **Grundform** des Verbs **Infinitiv** heißt. ☐
- **Verben sich verändern** können:
  - in den **Personalformen** der **1.**, **2.** und **3. Person Singular** und **Plural**. ☐
  - **in den Tempusformen Präsens**, **Präteritum**, **Futur**, **Perfekt** und **Plusquamperfekt**. ☐
- **Präsens** und **Präteritum** nur mit einem **Vollverb** gebildet werden. ☐
- **das Futur** mit dem **Hilfsverb** *werden* und einem **Vollverb** gebildet wird und das Vollverb in der Form des Infinitivs steht. ☐
- das **Perfekt** mit den **Hilfsverben** *haben* oder *sein* in der **Präsensform** und einem **Vollverb** gebildet wird, das in der Form des **Partizip Perfekts** steht. ☐
- das **Plusquamperfekt** mit den **Hilfsverben** *haben* oder *sein* in der **Präteritumform** und einem **Vollverb** gebildet wird, das in der Form des **Partizip Perfekts** steht. ☐
- **Präsens** und **Präteritum** die **einfachen** Tempusformen bilden. ☐
- **Futur**, **Perfekt** und **Plusquamperfekt** die **zusammengesetzten** Tempusformen bilden. ☐
- die Verben nach der Weise, wie sie ihre **Präteritumform** bilden, in **starke**, **schwache** und **unregelmäßige** Verben eingeteilt werden. ☐
- die **Veränderung der Personal- und Tempusformen** als **Konjugation** bezeichnet wird, Verben sich also **konjugieren (beugen)** lassen. ☐
- die **Aufforderungsform** des Verbs **Imperativ** heißt. ☐

1

Hier sind die Zeilen mit den Bestimmungen der Personal- und Tempusformen und die Zeilen mit den konjugierten Verben durcheinander geraten. Verknüpfe die Zeilen, die zueinander gehören, mit einer Linie.

1. **3. Pers. Singular Futur**	a) ich bin gestürzt
2. **2. Pers. Plural Perfekt**	b) du hattest gehofft
3. **2. Pers. Singular Präsens**	c) ihr habt geschlafen
4. **3. Pers. Plural Präteritum**	d) er wird zurückkommen
5. **1. Pers. Singular Perfekt**	e) wir werden abreisen
6. **1. Pers. Plural Futur**	f) du trinkst
7. **2. Pers. Singular Plusquamperfekt**	g) sie schwammen

Punkte: max. 7

2

Bilde Verbketten nach den vorgegebenen Anweisungen.
(Abkürzungen: Singular = Sg.; Plural = Plur. – Präsens = Präs.; Präteritum = Prät.; Futur = Fut.; Perfekt = Perf.; Plusquamperfekt = Plusq.)

turnen 1. Pers. Plur. Plusq. *wir hatten geturnt*	2. Pers. Sg. *du hattest geturnt*	Präs. *du turnst*
kennen 3. Pers. Plur. Fut.	1. Pers. Sg. Perf.	Prät.
studieren 2. Pers. Sg. Präs.	3. Pers. Pl. Perf.	Fut.
rufen 1. Pers. Pl. Prät.	Plusq.	3. Pers. Sg.

zerreißen 2. Pers. Pl. Perf.	1. Pers. Sg. Fut.	3. Pers.
essen 3. Pers. Sg. Fut.	Plusq.	Prät.
aufstehen 2. Pers. Sg. Perf.	Pl.	Plusq.
bummeln 3. Pers. Sg. Prät.	Fut.	Pl.
seufzen 1. Pers. Pl. Perf.	1. Pers. Sg.	Prät.
gratulieren 2. Pers. Pl. Plusq.	Prät.	3. Pers.

Punkte: max. 27

Überprüfe nun deine Antworten im Lösungsteil und gib dir für jede richtige Antwort einen Punkt. **Du kannst maximal 34 Punkte erreichen.**

Gesamtpunkte: max. 34

30 – 34 Punkte:
Bravo, das hast du schon sehr gut gemacht!

11 – 33 Punkte:
Nicht schlecht, aber wenn du ein paar Übungen wiederholst, wirst du dich bestimmt noch verbessern!

0 – 10 Punkte:
Du bist bei den Verben noch nicht so sicher. Wiederhole das Kapitel!

3 Satzlehre

Auf welche Art du einen **Satz** bildest, hängt davon ab, was du ausdrücken möchtest. Mit einem Aussagesatz verfolgst du eine andere Absicht als mit einem Frage- oder Aufforderungssatz. Beim Schreiben musst du für diese verschiedenen Satzarten ein passendes **Satzschlusszeichen** verwenden.

3.1 Einfache Sätze und ihre Satzschlusszeichen

Der Aussagesatz

Mit einem Aussagesatz kannst du etwas *feststellen*, *erzählen*, *berichten*, *darstellen* oder *mitteilen*. Sein Satzschlusszeichen ist der **Punkt**.

Beispiel: Heute beginnt die Sommerzeit**.**

Der Fragesatz

Einen Fragesatz verwendest du, wenn du etwas erfahren möchtest, was du selbst noch nicht weißt. Ein Fragesatz beginnt häufig mit einem Fragepronomen. An seinem Ende steht immer ein **Fragezeichen**.

Beispiel: Wie spät ist es**?**

Der Aufforderungssatz

Durch einen Aufforderungssatz versuchst du eine andere Person dazu zu bringen, sich so zu verhalten, wie du es willst. Das kann von dir als *Empfehlung* oder ausdrücklich als *Befehl* oder *dringender Wunsch* gemeint sein. In einem Aufforderungssatz verwendest du das Verb in der **Imperativform** und stellst es betont an den Satzanfang. Aufforderungssätze enden mit einem **Ausrufezeichen.**

Beispiele: Geh lieber nicht in den Horrorfilm**! Geh** mir aus dem Weg**! Geh** mal wieder zum Friseur**!**

Beachte: Den Anfangsbuchstaben eines Satzes schreibst du immer groß.

1

Bestimme jeweils, ob es sich um einen Aussage-, Frage- oder Aufforderungssatz handelt.

a) Morgen beginnen die Ferien. = ______________________

b) Lasst die Katze in Ruhe! = ______________________

c) Warum ist die Banane krumm? = ______________________

d) Mach bitte das Fenster auf! = ______________________

e) Wale sind Säugetiere. = ______________________

f) Woraus besteht Glas? = ______________________

2

Setze die richtigen Satzschlusszeichen.

a) Putz dir die Nase _

b) Wie viel Arbeitsspeicher hat dein Computer _

c) Der Orang-Utan verbringt die meiste Zeit auf Bäumen _

d) Lassen Sie die Waffe fallen _

e) Trefft ihr euch noch einmal _

3

In den folgenden Aussagesätzen sind bestimmte Informationen farbig markiert. Bilde dazu jeweils einen Fragesatz.

a) Im Teutoburger Wald stehen **sehr alte Bäume**.

____

b) Manche Bäume sind **über dreihundert Jahre** alt.

____

c) **Unter einer mächtigen Eiche** machen die Kinder ein Picknick.

____

3.2 Satzreihe und Satzgefüge

Hauptsatz und Nebensatz

Bei den Satzarten, die dir im vorhergehenden Kapitel begegnet sind, handelt es sich um **Hauptsätze**. Du erkennst einen Hauptsatz daran, dass er für **sich alleine** stehen kann.

Hauptsätze können als selbstständige Teilsätze zu einem gemeinsamen Satz verknüpft werden. Sie bilden dann eine **Satzreihe**, in der sie manchmal nur durch ein Komma voneinander getrennt sind.

Beispiel: Das Licht geht aus, die Vorstellung beginnt.

Meistens verknüpfen wir Hauptsätze aber durch Bindewörter (**Konjunktionen**) wie *und, oder, aber, sondern, denn* zu einer **Satzreihe**. Konjunktionen, die Hauptsätze miteinander verbinden, bezeichnet man als **nebenordnende** Konjunktionen.

Wenn du Hauptsätze mit **und** oder **oder** aneinander reihst, *solltest* du zusätzlich ein Komma setzen.
Reihst du dagegen Hauptsätze mit **aber**, **doch**, **jedoch**, **sondern**, **denn** und **nämlich** aneinander, *musst* du zusätzlich ein Komma setzen.

Beispiele: Das Licht geht aus (,) und die Vorstellung beginnt.
Das Licht ging zwar aus**, aber** der Vorhang blieb zu.

Als **Nebensätze** werden Sätze bezeichnet, die **nicht für sich alleine**, sondern nur in **Verbindung mit einem Hauptsatz** stehen können. Eine solche Verbindung aus Hauptsatz und Nebensatz nennt man **Satzgefüge**. In einem Satzgefüge findest du meistens im Hauptsatz auch die Hauptaussage, der Nebensatz teilt wichtige Zusatzinformationen mit.

In einem **Satzgefüge** erkennst du den Nebensatz an der Konjunktion, die ihn einleitet und daran, dass er mit der konjugierten Verbform endet. Konjunktionen, die einen **Nebensatz einleiten**, bezeichnet man als **unterordnende** Konjunktionen *(weil, als, während, nachdem, obwohl).*

Hauptsatz und Nebensatz eines Satzgefüges werden durch **Komma** voneinander getrennt.

Beispiel: Thea geht nicht mit ins Kino**, weil** sie länger arbeiten **muss**.

1

Verknüpfe die Hauptsätze zu einer Satzreihe. Verwende dabei eine der vorgegebenen Konjunktionen und entscheide, ob du ein Komma setzen musst oder nicht.

denn **sondern** **aber** **oder** **doch** **und**

a) Björn mäht den Rasen _______________ Max harkt den Grasschnitt zusammen.

b) Karin stand heute sehr früh auf _______________ sie wollte den Sonnenaufgang beobachten.

c) Marc bringt nie ein Pausenbrot mit _______________ er kauft sich lieber ein Sandwich beim Bäcker.

d) Christian lief persönliche Bestzeit im 110-m-Hürdensprint _______________ Giovanni war zwei Zehntelsekunden schneller im Ziel.

e) Kommst du heute Nachmittag mit ins Schwimmbad _______________ musst du für die Mathearbeit üben?

f) Ruth und Irina erzählen den neuesten Klatsch _______________ Sarah kennt die Geschichten über Carsten und Maike schon.

2

Unterstreiche im folgenden Text die Hauptsätze. Markiere anschließend die beiden Merkmale, an denen du die Nebensätze erkennst.

Als er neun Jahre alt war, schwor Hannibal den Römern ewige Feindschaft. Zwischen Rom und Karthago kam es zum Krieg, nachdem Hannibal mit seinem Heer in Spanien den Fluss Ebro überschritten hatte. Obwohl der Winter nahte, überquerte Hannibal mit seinem Heer und 37 Kriegselefanten die verschneiten Alpen und drang nach Italien vor. Nachdem er bei Cannae ein großes römisches Heer geschlagen hatte, stand Hannibal kurz vor dem Gesamtsieg. Dennoch siegten am Ende die Römer, weil Hannibal zu wenig Hilfe aus der Heimat bekam.

Checkliste: Satzlehre und Zeichensetzung bei Haupt- und Nebensätzen

Nachdem du dieses Kapitel durchgearbeitet hast, weißt du, dass

- der **Aussagesatz** mit dem Satzschlusszeichen **Punkt** endet. ☐
- der **Fragesatz** mit dem Satzschlusszeichen **Fragezeichen** endet. ☐
- **der Aufforderungssatz** mit dem Satzschlusszeichen **Ausrufezeichen** endet. ☐
- ein **Hauptsatz** für sich **alleine stehen** kann. ☐
- Hauptsätze als selbstständige Teilsätze zu einer **Satzreihe** verknüpft werden können. ☐
- die Hauptsätze einer Satzreihe immer durch ein Komma voneinander getrennt werden, auch wenn sie durch eine **Konjunktion** (Bindewort) miteinander verknüpft sind. ☐
- das Komma nur entfallen kann, wenn die Hauptsätze durch *und* oder *oder* verbunden sind. ☐
- ein **Nebensatz nicht** für sich **alleine stehen** kann. ☐
- ein Nebensatz meistens von einem Hauptsatz abhängig ist und mit ihm zusammen ein **Satzgefüge** bildet. ☐
- ein Nebensatz durch eine **nebenordnende Konjunktion** eingeleitet wird. ☐
- Hauptsatz und Nebensatz eines Satzgefüges durch Komma voneinander getrennt werden. ☐

1

Verknüpfe die Haupt- und Nebensätze zu einem Satzgefüge. Verwende dazu eine der vorgegebenen Konjunktionen und achte auf die Zeichensetzung.

als **nachdem** **während** **wenn**

a) Die Gartenparty hatte gerade begonnen ________ das Gewitter losging.

b) Du solltest jetzt aufstehen ____________ du deinen Bus nicht verpassen willst.

c) Malte deckt den Tisch ____________ sein Vater die Fischstäbchen brät.

d) Philipp machte es sich vor dem Fernseher bequem ____________ er sich zuvor noch eine Cola und eine Tüte Chips aus der Küche geholt hatte.

Punkte: max. 4

2

Welcher Hauptsatz gehört zu welchem Nebensatz? Ordne richtig zu und schreibe die vollständigen Sätze in dein Trainingsheft (max. 6 Punkte). Unterstreiche anschließend die Hauptsätze rot und die Nebensätze grün (max. 6 Punkte).

1. Der Ausflug fiel ins Wasser,	a) aß Lina noch einen Hamburger.
2. Obwohl ihr bereits übel war,	b) als er direkt vor ihnen stand.
3. Weil kein Zimmer frei war,	c) müsst ihr wieder im Lager sein.
4. Sie erkannten Tim erst,	d) weil es regnete.
5. Bevor die Sonne untergeht,	e) nachdem er sich entschuldigt hat.
6. Dana spricht wieder mit Jan,	f) übernachteten sie im Auto.

1. ___ 2. ___ 3. ___ 4. ___ 5. ___ 6. ___

Punkte: max. 12

Du kannst in diesem Test maximal 16 Punkte erreichen.

Gesamtpunkte: max. 16

13–16 Punkte: Bravo, das hast du schon sehr gut gemacht!

6–12 Punkte: Gutes Ergebnis, aber du kannst dich noch verbessern!

0–5 Punkte: Du solltest dir die Übungen in diesem Kapitel nochmal genau anschauen und wiederholen.

4 Satzglieder

Der Aufbau und der Sinn eines Satzes hängen entscheidend von seinen verschiedenen Teilen, seinen **Satzgliedern** ab. Doch was sind überhaupt Satzglieder?

4.1 Prädikat und Subjekt

Die Umstellprobe

Um herauszufinden, welche Wörter innerhalb eines Satzes zu einem **Satzglied** gehören, wendest du die **Umstellprobe** an. Dabei veränderst du probeweise die Reihenfolge der Wörter im Satz, achtest aber darauf, dass sich der Sinn des Satzes nicht ändert. Auf diese Weise prüfst du, welche Wörter du allein oder nur als Wortgruppe umstellen kannst. Das sind die **Satzglieder**.

Beispiel: Die Freibäder **öffneten** gestern auch in Hamburg.
Auch in Hamburg **öffneten** gestern die Freibäder.
Auch in Hamburg **öffneten** die Freibäder gestern.
Gestern **öffneten** die Freibäder auch in Hamburg.
Gestern **öffneten** auch in Hamburg die Freibäder.

Während alle anderen Satzglieder bei der Umstellprobe ihren Platz wechseln können, lässt sich ein Satzglied (hier: *öffneten*) nicht umstellen. Dieses Satzglied ist das **Prädikat**.
Das Prädikat ist der **wichtigste Teil eines Satzes** und wird auch Satzaussage genannt. Es besteht immer aus der konjugierten Form eines **Verbs** und kann auch zwei Teile haben.

Bei Aussagesätzen in den einfachen Zeitformen des Präsens oder Präteritums bildet ein konjugiertes Vollverb das Prädikat. Es steht hier im Satz immer als **zweites** Satzglied.

Beispiel: Die Freibäder **öffneten** gestern.

In Aussagesätzen mit den zusammengesetzten Zeitformen des Futurs, Perfekts und Plusquamperfekts setzt sich das Prädikat aus einer konjugierten Verbgruppe von Hilfsverb und Vollverb zusammen, die im Satz häufig eine **Prädikatsklammer bilden.**

Beispiel: Die Freibäder **haben** seit gestern **geöffnet**.

Vom Prädikat ausgehend, kannst du das zweite wichtige Satzglied eines Satzes ermitteln: das **Subjekt**. Du wendest dabei die **Frageprobe** an und fragst: „Wer …? oder Was … (tut hier etwas)?“

Beispiele: Die Freibäder öffneten gestern. – **Wer** *öffnete* gestern?
Antwort: die Freibäder = Subjekt
Biologie fällt heute aus. – **Was** *fällt* heute *aus?*
Antwort: Biologie = Subjekt

Das **Subjekt** (Satzgegenstand) kann aus Eigennamen, einfachen Nomen oder Nomen mit Beifügungen und Pronomen bestehen, die immer im **Nominativ** stehen. Das Subjekt benennt, wer etwas tut oder was geschieht.

Beispiele: **Ulli** ging gestern baden.
Die Freibäder öffneten gestern.
Die zwölf städtischen Freibäder öffneten gestern.
Sie erfreuten sich gleich eines großen Besucherandrangs.

Zu einem einfachen, vollständigen Satz gehören immer mindestens die Satzglieder Subjekt und Prädikat.

Beispiel: Die Freibäder (Subjekt) öffneten (Prädikat).

1

Welches Subjekt passt zu welchem Prädikat? Ziehe die richtigen Verbindungslinien und schreibe die Sätze anschließend in dein Trainingsheft.

2

In den Sätzen des folgenden Textes fehlen die Prädikate. Füge aus der Liste von Infinitiven die passenden Verben ein.

Tipp: In den meisten Fällen musst du die Verbform im Präteritum bilden. Nur in zwei Fällen musst du das Präsens wählen und dreimal den Infinitiv beibehalten.

werfen **trotten** **beschnüffeln** **machen** **wollen**
unterdrücken **sagen** **flüstern** **~~wandern~~ (2 x)** **tauchen**
rühren (2 x) **sein** **kommen** **geben** **bekommen**
klettern **sollen** **stellen** **halten** **wissen**

Zwei Freunde *wanderten* miteinander den gleichen Weg. Da ______________ plötzlich vor ihnen ein Bär auf, und voller Angst ______________ der eine von ihnen auf einen Baum. Der andere aber ______________ sich zur Erde nieder und ______________ sich tot. Der Bär ______________ ihn mit der Schnauze von den Ohren bis an die Fußsohlen. Aber weil der Mann sich nicht ______________ und auch mit aller Kraft den Atem ______________, ______________ er ihn für tot und ______________ davon. Denn der Bär, ______________ man, ______________ einen Toten nicht an.

Als der Bär längst außer Sicht ______________, ______________ der andere von seinem Baum herunter und ______________ ______________, was ihm das Tier denn ins Ohr ______________ habe.

„Er ______________ mir einen guten Rat", ______________ er zur Antwort, „nie wieder ______________ ich mit Freunden zusammen ______________, die sich in der Gefahr so tapfer aus dem Staube ______________."

3

Unterstreiche im vorhergehenden Text das Subjekt in den einzelnen Sätzen rot.

4.2 Das Objekt

In vielen Fällen reichen Prädikat und Subjekt allein nicht aus, damit ein aussagekräftiger Satz zustande kommt. Es sind weitere Satzglieder notwendig.

Beispiel: Mehmet erkannte. (**Wen** oder **was** erkannte er?)
Lisa schenkt. (**Was** schenkt Lisa **wem**?)

Eine solche notwendige Satzergänzung bezeichnet man als **Objekt.** Durch das Objekt gibst du die Person oder Sache an, auf die sich eine Handlung oder ein Geschehen bezieht.
Es gibt verschiedene Arten von Objekten. Auch hier hilft dir die **Frageprobe** herauszufinden, welche Art von Objekt ein Prädikat verlangt.
Steht das vom Prädikat benötigte Objekt im Akkusativ, handelt es sich um ein **Akkusativobjekt**. Du fragst danach mit „Wen …? oder Was …?"

Beispiele: Lisa besucht ihre Freundin. – **Wen** *besucht* Lisa?
Antwort: ihre Freundin = Akkusativobjekt
Mehmet erkannte den Fehler. – **Was** *erkannte* Mehmet?
Antwort: den Fehler = Akkusativobjekt

Manche Prädikate benötigen ein Objekt im Dativ. Das **Dativobjekt** eines Satzes erfragst du mit „Wem …?"

Beispiel: Das Buch gehört Pit. – **Wem** *gehört* das Buch?
Antwort: Pit = Dativobjekt

Manche Prädikate verlangen sowohl ein Dativ- als auch ein Akkusativobjekt. In diesen Fällen musst du beide Frageproben anwenden.

Beispiel: Thea hat Pit das Buch gekauft.
Was *hat* Thea Pit *gekauft*?
Antwort: das Buch = Akkusativobjekt
Wem *hat* Thea das Buch *gekauft?*
Antwort: Pit = Dativobjekt

Nur noch selten werden als Prädikate Verben verwendet, die ein **Genitivobjekt** verlangen. Nach dem Genitivobjekt fragst du mit „Wessen …?"

Beispiel: Paul erfreute sich seines Erbes.
Wessen *erfreute sich* Paul?
Antwort: seines Erbes = Genitivobjekt

Objekte können wie Subjekte aus Eigennamen, einfachen Nomen oder Nomen mit Beifügungen und Pronomen bestehen.

1

Unterstreiche die Objekte in den Sätzen und bestimme, ob es sich um ein Akkusativobjekt (AO), Dativobjekt (DO) oder Genitivobjekt (GO) handelt. Wende die Frageprobe an.

a) Der Pelzmantel gehört Frau Schwarzkopf. (______)

b) Es handelt sich um ein Erbstück ihrer Mutter. (______)

c) Eigentlich wollte sie sich des guten Stücks schon entledigen. (______)

d) Doch dann fand sie den Mantel zu schade zum Wegwerfen. (______)

e) Vielleicht schenkt sie ihn eines Tages ihrer Tochter. (______ ; ______)

2

Bilde aus den vorgegebenen Satzteilen sinnvolle Sätze.

a) seinen beiden Neffen – ein stattliches Vermögen – hinterließ – der Erbonkel

____

____

b) eröffnete – das Geld – ganz neue Perspektiven – ihnen

____

c) sich und seiner Freundin – der eine Neffe – eine riesige Eigentumswohnung – kaufte

____

____

d) den Kauf – er – verschwieg – dem Finanzamt

____

e) der Steuerhinterziehung – klagte – man – an – ihn

____

f) schlauer – sein Erbe – nutzte – der zweite Neffe

____

g) er – für schnelle Autos und schöne Frauen – gab – die eine Hälfte – aus

____

____

h) in Wertpapieren – die andere Hälfte – sein Steuerberater – legte an

____

3

Bestimme nun in deinen Sätzen aus Aufgabe 2 die Objekte und trage sie entsprechend deiner Bestimmung in die Tabelle ein.

Tipp: „für schnelle Autos und schöne Frauen" ist kein Akkusativobjekt!

Akkusativobjekt	Dativobjekt	Genitivobjekt
ein stattliches Vermögen		

4.3 Adverbiale Bestimmungen

Ebenso wie Prädikat, Subjekt und Objekt ist auch die **adverbiale Bestimmung** (Umstandsangabe) ein Satzglied. Mit ihrer Hilfe kannst du das Prädikat näher bestimmen und genauere Angaben zu den Umständen machen, unter denen etwas geschieht.

Um diese Angaben machen zu können, unterscheidest du verschiedene adverbiale Bestimmungen. Um welche es sich jeweils handelt, zeigt dir die Frageprobe.

- Die **adverbiale Bestimmung der Zeit** macht Angaben zum Zeitpunkt und zur Dauer eines Zustands oder Geschehens.
  Du fragst danach mit „**Wann ...?** oder **Wie lange ...?**"
  Beispiel: Heute beginnt der Herbst. – **Wann** beginnt der Herbst?
  Antwort: **heute** = adverbiale Bestimmung der Zeit

- Die **adverbiale Bestimmung des Ortes** nennt Ort, Raum und Richtung.
  Du fragst danach mit „**Wo ...?, Woher ...?** oder **Wohin...?**"
  Beispiel: In Berlin regnet es. – **Wo** regnet es?
  Antwort: **in Berlin** = adverbiale Bestimmung des Ortes

- Die **adverbiale Bestimmung des Grundes** gibt den Grund oder die Absicht für eine Handlung an.
  Du fragst danach mit „**Warum ...?** oder **Wozu ...?**"
  Beispiel: Anna sagte aus Wut ab. – **Warum** sagte Anna ab?
  Antwort: **aus Wut** = adverbiale Bestimmung des Grundes

- Die **adverbiale Bestimmung der Art und Weise** sagt etwas zu den Begleitumständen oder dem Ausmaß einer Handlung.
  Du fragst danach mit „**Wie ...?**"
  Beispiel: Uwe lief unter Schmerzen weiter. – **Wie** lief Uwe weiter?
  Antwort: **unter Schmerzen** = adverbiale Bestimmung der Art und Weise

Eine adverbiale Bestimmung kann sowohl aus nur einem Wort (heute) als auch aus einer ganzen Wortgruppe (unter starken anhaltenden Schmerzen) bestehen.

1

Unterstreiche im folgenden Text die adverbialen Bestimmungen und ordne sie anschließend unten in die richtige Begriffszeile ein. Denke an die Frageprobe!

a) Nur widerwillig machte sich Mirko zu Fuß auf den Weg zum Supermarkt.

b) Auf Bitte seiner Mutter sollte er dort beim Bäcker noch schnell ein Brot kaufen.

c) Die anderen trainieren jetzt bestimmt schon auf dem Bolzplatz für das Spiel gegen die 5c am Freitag.

d) Ganz außer Atem stürmte Mirko in den Supermarkt und holte am Bäckerstand das Brot.

Zeit: ______________________________

Ort: ______________________________

Grund: ______________________________

Art und Weise: ______________________________

2

Hier sind die adverbialen Bestimmungen vertauscht. Stelle sie in deinem Trainingsheft wieder so um, dass ein sinnvoller Text entsteht.

600 Jahre nach seinem Tod wurde Klaus Störtebeker geköpft. **Ohne Lebensgefahr** soll er **in Jugendbüchern** noch an vier anderen verurteilten Seeräubern vorbei gewankt sein. **Im Jahre 1401** kannst du **auf dem Hamburger Grasbrook** die Raubzüge des Piraten **ohne Kopf** miterleben.

Checkliste: Satzglieder

Nachdem du das Kapitel über Satzglieder durchgearbeitet hast, weißt du jetzt, dass

- sich ein **Satz** aus **Satzgliedern** zusammensetzt. ☐
- ein Satzglied aus nur einem Wort oder aus einer Wortgruppe bestehen kann. ☐
- das **Prädikat** (Satzaussage) das zentrale Satzglied ist. Es wird von einem Verb in konjugierter Form gebildet und steht in einem Aussagesatz immer als zweites Satzglied. ☐
- sich mit Bezug auf das Prädikat mithilfe der **Frageprobe** alle anderen Satzglieder eines Satzes bestimmen lassen. ☐
- **das Subjekt** (Satzgegenstand) den Handlungsträger oder das Geschehen angibt und zusammen mit dem Prädikat den Satzkern bildet. ☐
- die Satzglieder **Objekte** und **adverbialen Bestimmungen** Satzergänzungen darstellen, die weitere wichtige Informationen geben. ☐
- als Objekt eines Satzes
  - das **Akkusativobjekt** („Wen …? oder was …?")
  - das **Dativobjekt** („Wem …?")
  - das **Genitivobjekt** („Wessen …?")

  vorkommen können. ☐
- die Umstände des von Subjekt und Prädikat festgehaltenen Handelns, Geschehens oder Zustands durch die **adverbialen Bestimmungen**
  - der **Zeit** („Wann …? oder wie lange …?")
  - des **Ortes** („Wo …? oder wohin …?")
  - des **Grundes** („Warum …? oder Wozu …?")
  - der **Art und Weise** („Wie …?")

  näher gekennzeichnet werden. ☐

1

Unterteile den folgenden Satz in seine einzelnen Satzglieder. Trage diese dann mit ihrer richtigen grammatischen Bezeichnung in die Tabelle ein.

Mit Verspätung schickte heute der Pop-Versand Herrn König die bestellten CDs an seine Adresse in Bonn.

Mit Verspätung						

Punkte: max. 7

2

Bestimme, um welche Satzglieder es sich bei den unterstrichenen Textteilen handelt. Gib dir für jede richtige Antwort einen Punkt.

Ein Polizist, der zur Verkehrsregelung (1) auf der Hindenburgstraße (2) eingesetzt war, ist am Donnerstag (3) bei einem Unfall verletzt worden. Im Kreuzungsbereich (4) wollte (5) ein 63-jähriger Autofahrer (6) mit seinem roten VW Passat nach links (7) einbiegen (5). Dabei übersah (8) er einen entgegenkommenden Ford (9). Die Fahrzeuge prallten mit voller Wucht (10) zusammen, der Ford wurde nach rechts (11) geschleudert und erfasste den Polizeibeamten, der schwere Prellungen erlitt und in ein Krankenhaus (12) gebracht wurde.

(1) = ______ (2) = ______ (3) = ______

(4) = ______ (5) = ______ (6) = ______

(7) = ______ (8) = ______ (9) = ______

(10) = ______ (11) = ______ (12) = ______

Punkte: max. 12

Wenn du alles richtig gemacht hast, kannst du 19 Punkte erreichen.

Gesamtpunkte: max. 19

16–19 Punkte: Bravo! Du bist bei diesem Thema schon sehr sicher.

7–15 Punkte: Nicht schlecht, aber du kannst dich noch verbessern!

0–6 Punkte: Es wäre gut, wenn du das Kapitel nochmal wiederholst.

5 Zeichensetzung

Die Satzschlusszeichen, die das Ende eines Satzes kennzeichnen, hast du bereits kennen gelernt. Im Gegensatz dazu hat ein Komma die Aufgabe, einen Satz zu gliedern.

5.1 Das Komma bei Aufzählungen

Wenn du beim Schreiben mehrere gleichrangige Wörter – z. B. Nomen oder Adjektive – aufzählst, musst du zwischen diesen ein Komma setzen.

Beispiel: Die Katze blickte mich aus ihren grauen, unergründlichen Augen an.

Wenn du die aufgezählten Wörter mit den **Konjunktionen „und“** oder **„oder“** verbindest, setzt du *kein Komma.*

Beispiel: Magst du lieber rote, weiße, gelbe oder violette Tulpen?

Diese Kommaregeln gelten auch bei der Aufzählung von gleichrangigen Satzgliedern.

Beispiel: Ich habe gestern das Aquarium gereinigt, mein Fahrrad geputzt, den Rasen gemäht und Vokabeln gelernt.

1

Setze die fehlenden Kommas.

a) Die Griechen hielten Feuer Wasser Erde und Luft für die Grundelemente des Lebens.

b) Wütend sprang Tom auf packte seinen Rucksack stieß Tina zur Seite rannte zur Tür riss sie auf und stürmte aus der Klasse.

c) Montag gehe ich zum Klavierunterricht Dienstag zum Ballett Mittwoch zum Reiten und Donnerstag zur Theater-AG.

d) Soll ich die Bank grün rot weiß braun oder orange streichen?

5.2 Die Zeichensetzung bei der wörtlichen Rede

Wenn du mündliche **Aussagen**, **Fragen** und **Aufforderungen** schriftlich wiedergeben sollst, gebrauchst du die **wörtliche** – oder wie sie auch bezeichnet wird – die **direkte Rede.** Du verwendest dabei die Satzschlusszeichen, die dir bereits bekannt sind, musst aber noch weitere Regeln der Zeichensetzung beachten:

- Jede wörtliche Rede beginnt und endet mit einem **Anführungszeichen**.
  Beispiel: **„**Eva, komm doch bitte mal schnell zu mir!**"**
- Das Anführungszeichen am Schluss der wörtlichen Rede steht **nach** dem **Satzschlusszeichen**: Bei einem Aussagesatz **nach** dem **Punkt**, bei einem Aufforderungssatz **nach** dem **Ausrufungszeichen**, beim Fragesatz **nach** dem **Fragezeichen.**
- Häufig leitet man die wörtliche Rede durch einen **Begleitsatz** ein. Am Ende des einleitenden Begleitsatzes musst du einen **Doppelpunkt** setzen.
  Beispiel: Kristina rief**:** „Eva, komm doch bitte mal schnell zu mir!"
- Der **Begleitsatz** kann aber auch erst **nach** der wörtlichen Rede stehen und wird von dieser dann durch ein **Komma** getrennt. Handelt es sich bei der wörtlichen Rede um einen **Aussagesatz**, beendest du diesen **ohne Punkt** nur mit dem Anführungszeichen. Den nachgestellten Begleitsatz schreibst du **am Anfang klein**.
  Beispiele: „Ich treffe mich heute mit meinen Freunden", **s**agte Simon.
  „Eva, komm doch bitte schnell zu mir!"**,** **r**ief Kristina.
  „Hilfst du mir beim Aufräumen?", **f**ragte Sonja.
- Ein Begleitsatz kann auch in die wörtliche Rede **eingeschoben** sein. In diesem Fall musst du **vor** und **hinter** dem Begleitsatz jeweils ein **Komma setzen**. Den eingeschobenen Begleitsatz schreibst du **am Anfang klein.**
  Beispiele: „Eva"**,** **r**ief Kristina, „komm doch, bitte, schnell zu mir!"
  „Eva, komm doch bitte!", rief Kristina**,** „bring auch einen Stift mit!"

1

Setze die fehlenden Satzzeichen bei der wörtlichen Rede ein.

Die Geisterstunde ist da, und das Friedhofsgespenst Fridolin seufzt: „Immer dieses blöde Spuken jede Nacht!“

a) Seine Frau schlägt vor ___ Besuch doch mal endlich den Friedhofsgärtner ___

b) Ermuntert fliegt Fridolin zum Haus des Gärtners, schwebt durch die Mauer, und schon steht er im Wohnzimmer. Zur Begrüßung sagt er ___ Guten Abend, störe ich ___

c) Der Gärtner fragt erschrocken ___ Wer bist du denn du ___

d) Der Geist erklärt ___ Ich bin der frostige Fridolin. Ich spuke hier schon seit fünfhundert Jahren ___

e) Der Gärtner erwidert ___ Ich bin erst seit fünf Jahren hier. Nachts ist mir manchmal ganz schön langweilig. Dann spiele ich Karten, nur so für mich ___

f) Fridolin fragt ___ Darf ich mitspielen ___

Er darf. Sie spielen bis die Uhr eins schlägt. Fridolin gewinnt, aber nur, weil er gemogelt hat.

g) Der Gärtner wirft ihm vor ___ Du hast geschummelt ___

h) Fridolin gibt zu ___ Aber nur ein bisschen ___

i) Lächelnd fragt er dann ___ Spielen wir morgen Nacht wieder ___

j) Der Gärtner antwortet ___ Aber nur, wenn du nicht mogelst ___

k) Der frostige Fridolin sagt beim Davonfliegen ___ Versprochen ___

Checkliste: Zeichensetzung

Du wirst dich bei der Zeichensetzung sicherer fühlen, wenn du folgende Regeln beachtest:

- [ ] Am Ende eines Satzes steht **immer** ein Satzschlusszeichen.
- [ ] Nach einer Aussage setzt du einen Punkt.
- [ ] Nach einer Frage musst du ein Fragezeichen setzen.
- [ ] Nach einem Ausruf oder einer Aufforderung, die als Empfehlung, Bitte oder Befehl gemeint sein kann, steht ein Ausrufezeichen.
- [ ] Die wörtliche Rede wird in Anführungszeichen eingeschlossen. Am Beginn der wörtlichen Rede setzt du die Anführungszeichen unten, am Ende der wörtlichen Rede oben.
- [ ] Steht **vor** der wörtlichen Rede ein Begleitsatz, setzt du an dessen Ende einen **Doppelpunkt**.
- [ ] Steht der Begleitsatz **nach** der wörtlichen Rede, setzt du nach dem Schlusszeichen der wörtlichen Rede ein **Komma**. Den **nachgestellten Begleitsatz** schreibst du **am Anfang klein**.
- [ ] Unterbricht der Begleitsatz die wörtliche Rede, dann steht je ein Komma davor und danach. Auch den **eingeschobenen Begleitsatz** schreibst du **am Anfang klein**.
- [ ] Bei Aufzählungen von gleichrangigen Wörtern oder Wortgruppen setzt du Kommas.
- [ ] Hier können Konjunktionen wie **„und“** oder **„oder“** das Komma ersetzen.

1

Du hast im Text über das Friedhofsgespenst Fridolin bereits die fehlenden Satzzeichen bei der wörtlichen Rede eingesetzt.

a) Stelle nun die Begleitsätze hinter die wörtlichen Reden.

b) Füge wieder die richtigen Satzzeichen ein. Achte darauf, dass du die Reihenfolge der Satzglieder in den Begleitsätzen umstellen musst.

a) Besuch doch mal endlich den Friedhofsgärtner ______

______

b) Guten Abend, störe ich ______

c) Wer bist du denn ______

d) Ich bin der frostige Fridolin. Ich spuke hier schon seit fünfhundert Jahren ______

e) Ich bin erst seit fünf Jahren hier. Nachts ist mir manchmal ganz schön langweilig. Dann spiele ich Karten, nur so für mich

______

f) Darf ich mitspielen ______

g) Du hast geschummelt ______

h) Aber nur ein bisschen ______

i) Spielen wir morgen Nacht wieder ______

j) Aber nur, wenn du nicht mogelst ______

k) Versprochen ______

Punkte a) max. 11

Punkte b) max. 11

Gesamtpunkte: max. 22

Vergleiche deine Lösung nun mit dem Lösungsteil und gib dir für jede richtige Antwort bei a) und b) einen Punkt. **Du kannst 22 Punkte erreichen.**

18–22 Punkte: Bravo! Du bist bei diesem Thema schon sehr sicher.

6–19 Punkte: Nicht schlecht, aber du kannst dich noch verbessern!

0–5 Punkte: Es wäre gut, wenn du das Kapitel nochmal wiederholst.

Verfassen von Texten

1 Erzählen

Wenn du erzählst, möchtest du deine Leser unterhalten. Deshalb ist es wichtig, dass du ein Geschehen lebendig und spannend wiedergibst. Dazu verwendest du den Erzählstil.
Das folgende Kapitel zeigt dir, wie du deinen Erzählstil trainieren kannst und welche verschiedenen Formen des Erzählens es gibt.

1.1 Die Erlebniserzählung

In der Erlebniserzählung erzählst du eine Begebenheit, die du selbst oder jemand anders erlebt hat oder hätte erleben können.
Die Erlebniserzählung muss **glaubhaft** sein. Das heißt,

- es dürfen keine Figuren vorkommen, die es in unserer Welt nicht gibt.
- Menschen müssen wie Menschen dargestellt sein, Tiere wie Tiere, Gegenstände wie Gegenstände. Tiere dürfen also nicht sprechen (was sie in der Fabel tun), Gegenstände dürfen sich nicht plötzlich wie Menschen verhalten usw.

Die Erlebniserzählung muss **spannend** und **lebendig** sein. Du musst deshalb im **Erzählstil** schreiben, also

- aussagekräftige Verben und treffende Adjektive verwenden,
- Allerweltswörter und Hilfsverben vermeiden,
- Signalwörter (wie *plötzlich*, *vorsichtig*, *ängstlich*) verwenden,
- durch Andeutungen und Vorausdeutungen auf einen bevorstehenden Höhepunkt aufmerksam machen,
- Gefühle anschaulich erzählen, sodass der Leser mitfiebern kann,
- eine Überschrift finden, die zum Lesen anregt, aber nicht zu viel verrät.

Du kannst die Erlebniserzählung aus der **Ich-Perspektive** oder der **Er/Sie-Perspektive** schreiben. Achte dabei genau auf die Aufgabenstellung.

- Als Erzähltempus verwendest du das **Präteritum**.
- Auch im **persönlichen Brief** erzählst du von Begebenheiten, die du selbst erlebst hast. Die Regeln des Erzählens sind die gleichen wie in der Erlebniserzählung.

Eine Erlebniserzählung ist **dreiteilig aufgebaut**: Sie besteht aus Einleitung, Hauptteil und Schluss.

- In der **Einleitung** stellst du die Personen, Zeit und Ort des Geschehens und die Ausgangssituation vor.
- Im **Hauptteil** entfaltest du das Geschehen und führst in mehreren Erzählschritten zum Höhepunkt hin.
- Im **Schluss** rundest du die Erzählung ab und weist auf mögliche Folgen für die Beteiligten oder Folgerungen für das künftige Handeln hin.

1

Welche Verben lassen diesen Höhepunkt einer Erlebniserzählung besonders spannend wirken? Unterstreiche sie.

… doch was war das? Statt hinter den anderen Tieren im Gleichschritt zu (**gehen / trotten**), wurde mein Esel immer schneller. Er (**sauste / galoppierte**) auf und davon! Schneller und schneller. „Hilfe! So helft mir doch", rief ich laut. Doch umsonst! Ich zog fest am Zügel, **(trat / haute)** ihn mit den Füßen in den Bauch – wieder wurde er schneller. Ich **(zog / riss)** am Zügel, trat fester zu – er wurde noch schneller. Mir wurde ganz anders. Wie sollte ich jemals wieder von diesem Esel herunterkommen?

2

Ersetze in deinem Trainingsheft die in den Sätzen hervorgehobenen Adjektive durch treffendere.

blitzblank – stockfinster – totenbleich

a) Sandra musste auf der Luftmatratze eingeschlafen sein. Als sie wieder erwachte, war es um sie herum **dunkel**.
b) Wo war nur seine Klasse? Benni hatte sie bei der Nachtwanderung verloren und irrte nun allein durch den Wald. **Blass im Gesicht** vor Angst, stolperte er über Wurzeln und Äste.
c) **Sauber** glänzte das Fahrrad nach dem Putzen in der Sonne.

1.2 Die Fantasieerzählung

Die Fantasieerzählung erzählt von einer Begebenheit, die du nicht wirklich erlebt haben kannst und auch nie erleben könntest.

In der Fantasieerzählung darfst du deinem **Einfallsreichtum** freien Lauf lassen und von ganz **unmöglichen Vorkommnissen** erzählen:

- von sprechenden Tieren,
- Kamelen, die Tango tanzen,
- Handys, die selbstständig miteinander sprechen,
- Außerirdischen, die zu Besuch auf die Erde kommen usw.

Auch die Fantasieerzählung muss spannend sein, deshalb musst du sie im **Erzählstil** schreiben. Verwende also aussagekräftige Verben und treffende Adjektive, Signalwörter, Andeutungen und Vorausdeutungen auf das weitere Geschehen und wörtliche Rede.

- Erzähle **Gefühle** anschaulich, nenne sie nicht nur.
- Finde für deine Fantasieerzählung eine **spannende Überschrift**.
- Die Fantasieerzählung wird **meist in der Ich-Form** geschrieben.
- Verwende als Erzählzeit das **Präteritum**.

1

Welche der folgenden Überschriften zeigen, dass es sich um eine Fantasieerzählung handelt? Kreuze an.

a) Was ich als Elefant in der Schule erlebte ☐

b) Mit einem Außerirdischen beim Eis essen ☐

c) Die aufregendste Nacht im Schullandheim ☐

d) So macht man einen Toast „Hawaii“ ☐

e) Wie ich meinen Vater in den April schickte ☐

f) Wie ich als Maus die Katze ärgerte ☐

2

Welcher der folgenden Sätze gehört zu einer Fantasieerzählung?

a) Ich freute mich schon auf das Picknick mit Thomas, Svenja und Olaf. Weil dunkle Wolken aufzogen, packte ich meinen Regenumhang auf den Picknickkorb obendrauf.
b) Ich knurrte und dachte: „Will Tommi, mein Herrchen, nicht verstehen, dass ich mit ihm spielen will? Muss ich ihn erst ins Bein zwicken?"
c) Wo bin nur gelandet? Alles ist so hügelig. Keine Menschen weit und breit! Und da draußen in der Ferne – das muss die Erde sein. Juhu, ich bin auf dem Mond!
d) Als ich dann vor den Augen aller Geburtstagsgäste das Päckchen meiner Eltern öffnete, war ich sehr aufgeregt. Und was sah ich: Ich bekam den MP3-Player, den ich mir so sehnlich gewünscht hatte!

Zu einer Fantasieerzählung gehören Satz:

a) ☐ b) ☐ c) ☐ d) ☐

3

Oft ist es ganz einfach, treffende Adjektive zu finden. Du musst nur sachliche, langweilig klingende Adjektive verstärken.

a) weiß *schneeweiß* ______________________
b) kalt ______________________
c) finster ______________________
d) sauber ______________________
e) hübsch ______________________

4

Fallen dir noch andere Wörter für das Verb *gehen* ein?
Ergänze den Wortstern.

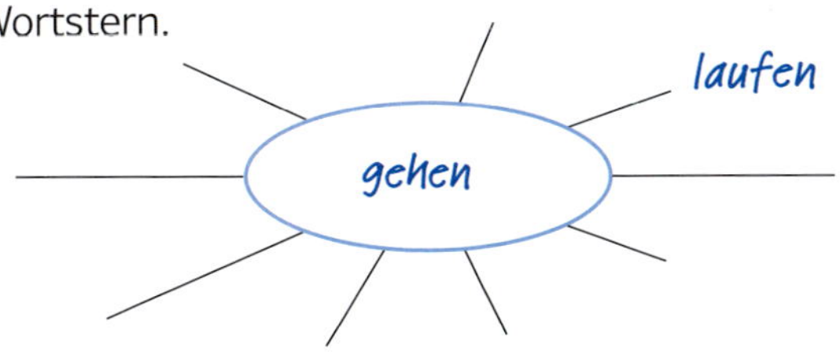

1.3 Die Bildergeschichte

Bei der Bildergeschichte musst du dir die Handlung nicht selbst ausdenken, du siehst sie auf der Bilderfolge. Deine Aufgabe ist es, diese Handlung in der Form der Erzählung niederzuschreiben.
Dabei kannst du zeigen, dass du das Prinzip des Erzählens beherrschst, Spannung erzeugen, eine Geschichte richtig aufbauen und die Gedanken und Gefühle der Figuren in der Form der wörtlichen Rede wiedergeben kannst.

In der Bildergeschichte ist die **Handlung vorgegeben**. Du darfst keinen wichtigen Handlungsschritt weglassen, aber auch nichts Unnötiges hinzuerfinden.
Beginne deine Erzählung mit dem ersten Bild und beende sie mit dem letzten. In manchen Aufgaben ist ein Bild ausgelassen. In diesem Fall musst du dir die **fehlende Handlung selbst überlegen**. Achte darauf, dass sie in die Bilderfolge passt.

Bei der Bildergeschichte musst du darauf achten, dass du
- die **Handlung**, die auf den Bildern gezeigt ist, **stimmig** der Einleitung, dem Hauptteil und dem Schluss **zuordnest**,
- **passende Überleitungen** zwischen den einzelnen Erzählschritten findest,
- den **Höhepunkt anschaulich ausgestaltest** (wörtliche Rede, Gedanken und Gefühle der Personen, aussagekräftige Verben, treffende Adjektive),
- eine Spannung erzeugende **Überschrift** findest, die nicht zu viel verrät.

Halte dich an die in der Aufgabenstellung vorgegebene **Erzählperspektive** (Ich-Erzählung oder Er/Sie -Erzählung).
Auch die Bildergeschichte schreibst du im **Präteritum**.

1

Welche Handlungsschritte kannst du in der folgenden Bilderfolge erkennen?

Handlungsschritt 1: ____

____

Handlungsschritt 2: ____

____

Handlungsschritt 3: ____

____

Handlungsschritt 4: ____

____

2

Schreibe die Bildergeschichte aus der Sicht des Sohnes in dein Trainingsheft und gib ihr eine passende Überschrift.

1.4 Die Nacherzählung

Beim Nacherzählen erfindest du keine Geschichte und erzählst auch kein eigenes Erlebnis: Deine Aufgabe besteht darin, einen Erzähltext mit eigenen Worten so genau wie möglich wiederzugeben.

Die Nacherzählung folgt in Inhalt und Aufbau der Vorlage:
- du darfst **nichts hinzuerfinden** und **nichts Wichtiges weglassen**,
- du musst in der **gleichen Reihenfolge** wie im Original erzählen.

Achte darauf, dass alle wichtigen **Personen** der Vorlage in deiner Nacherzählung vorkommen.

Die **Länge deiner Nacherzählung** ist nicht so wichtig. Die Nacherzählung wird wahrscheinlich kürzer sein als das Original.
Das Erzähltempus der Nacherzählung ist meist das **Präteritum**.

1

Lies die folgende kurze Geschichte – es handelt sich um eine Fabel – mehrmals genau und präge sie dir gut ein.

Die blaue Amsel

Amseln sind schwarz. Normalerweise.
Eines Tages saß auf einer Fernsehantenne eine blaue Amsel. Sie kam von weit her, aus einer Gegend, in der die Amseln blau waren. Ein schwarzer Amselmann verliebte sich in sie und bat sie, seine Frau zu werden. Zusammen bauten sie ein Nest und die blaue Amsel begann, ihre Eier auszubrüten, während ihr der Amselmann abwechselnd zu fressen brachte oder für sie die schönsten Lieder sang.
Einmal, als der Mann auf Würmersuche war, kamen ein paar andere Amseln, vertrieben die blaue Amsel aus dem Nest und warfen ihre Eier auf den Boden, dass sie zerplatzten.
„Wieso habt ihr das getan?", fragte der Amselmann verzweifelt, als er zurückkam. „Weil wir Amseln schwarz sind", sagten die anderen nur, blickten zur blauen Amsel und wetzten ihre gelben Schnäbel.

Franz Hohler (*1943)

2

Notiere wichtige Einzelheiten dieser Fabel.

a) Welche wichtigen Figuren kommen in der Fabel vor?

____

____

b) In welche Gruppen kann man die Figuren einteilen? Unterscheide die, die handeln, und die, denen etwas widerfährt.

____

____

c) Nenne den Handlungskern der Fabel.

____

____

d) Wie rechtfertigen die schwarzen Amseln ihr Verhalten?

____

____

e) Wie lautet die Überschrift der Fabel?

____

3

Schreibe nun deine Nacherzählung der Geschichte in dein Trainingsheft. Vergleiche anschließend deine Nacherzählung mit der Fabel von Franz Hohler.

Checkliste: Erzählen

Wenn du erzählst, möchtest du deine Leser **unterhalten**.
Eine Erzählung soll **spannend** und **lebendig** sein, deshalb verwendest du den **Erzählstil**. ☐

- **Erzählstil** bedeutet
  - du verwendest **aussagekräftige Verben** und **treffende Adjektive**, ☐
  - du verwendest **Signalwörter**, ☐
  - du machst **Andeutungen** und **Vorausdeutungen**, ☐
  - du stellst **Gefühle** und **Stimmungen** anschaulich dar, ☐
  - du verwendest das Erzähltempus **Präteritum**. ☐

Wenn du eine Erlebniserzählung schreibst,
- gibst du ein **Geschehen** wieder, **das du erlebt hast** oder **hättest erleben können**, ☐
- kannst du aus der **Ich-** oder **Er/Sie-Perspektive** schildern. ☐

Wenn du eine Fantasieerzählung schreibst,
- darfst du von Ereignissen erzählen, **die es im wirklichen Leben nicht gibt**, ☐
- darfst du dich in die **Rolle eines Tieres oder eines Gegenstandes** begeben und aus dieser Sicht erzählen. ☐

Wenn du eine Bildergeschichte als Erzählung schreibst,
- ist die **Handlung** deiner Erzählung **vorgegeben**, ☐
- musst du die Bilder in eine Erzählung **umformulieren**, ☐
- erzählst du die Bildgeschichte nach den **Regeln**, die **für das Erzählen** gelten. ☐

Wenn du eine Nacherzählung verfasst,
- bleibst du **möglichst genau an der Vorlage**, ☐
- darfst du **nichts Wichtiges weglassen** und **nichts hinzuerfinden**, ☐
- darfst du die **Reihenfolge der Erzählschritte** nicht verändern, ☐
- müssen alle wichtigen **Personen** und **Figuren** vorkommen. ☐

1

Füge in die Lücken der Sätze die Verben ein, die am aussagekräftigsten sind. Achte auf die richtige grammatische Form.

Aus folgenden Beispielen kannst du auswählen. Aber Vorsicht: Nicht alle Verben passen.

backen – lesen – meinen – sehen – kochen – essen – streiten – sagen – rennen – fühlen – toben – johlen – grillen – schleichen – triumphieren – entdecken – schmunzeln – denken – verschlingen – joggen

a) Dennis sah seinen Freund Sven mit dem neuen Rennrad herankommen und ______________________ ihm entgegen.

b) „Müsst ihr denn immer vor meinem Fenster Fußball spielen?", ______________________ Frau Haun.

c) Als alle Kinder johlten, ______________________ ich mir: „Es macht schon viel Spaß, einen Vormittag als Maus in der Schule zu verbringen."

d) Plötzlich ______________________ ich am gegenüberliegenden Berg den Adlerhorst.

e) Tine war so begeistert von ihrem neuen Buch mit den Hexengeschichten, dass sie es in einer Stunde ______________________

f) Abends half ich dann Mama, die Koteletts zu ______________________

g) „Das glaube ich gern, dass dir dein neuer CD-Player Freude macht!" ______________________ mein Opa.

h) „Ich wusste schon immer, dass ich in Mathe besser bin als du", ______________________ Christoph, mein Nebensitzer.

Punkte: max. 8

2

Zu welcher Aufsatzart gehören die folgenden Sätze: Zur Erlebnis- oder Fantasieerzählung, zur Bildergeschichte oder Nacherzählung?
Bei manchen Sätzen kannst du mehrere Kreuze machen.

	Erlebnis-erzählung	Fantasie-erzählung	Bildergeschichte Nacherzählung
Da wurde es mir aber langsam zu dumm. Vier Touristen wollten auf mir sitzen, und ich sollte sie zu den Pyramiden tragen!	☐	☐	☐
Jetzt wusste ich, welche Überraschung Mama und Papa geplant hatten: Ich durfte auf einem Kamel reiten!	☐	☐	☐
Till Eulenspiegel lachte: „Wie sollte ich fliegen können? Ich bin doch weder Gans noch Vogel!“	☐	☐	☐

Punkte: max. 5

3

Ordne die einzelnen Teile dieses persönlichen Briefs so, dass sie eine sinnvolle Reihenfolge ergeben.

☐ *Am Ende unserer Suche kamen wir zum Schatz. Stell dir vor, der war in unserem Gartenhäuschen versteckt! Der Schatz war ein großer Karton, mit vielen Klebebändern umwickelt. Und darin waren dann meine Geschenke.*

☐ *Ich kann mich gar nicht mehr erinnern, dass ich dir im Ferienlager erzählt habe, wann ich Geburtstag habe. Oder habe ich es in dein Freundalbum geschrieben?*

☐ *Du glaubst nicht, was ich von meinen Eltern bekommen habe. Ein Jugendlexikon, einen Vierfarbkugelschreiber, Briefpapier – und ein Handy! Juhu, ich hatte mir schon so lang ein eigenes Handy gewünscht. Jetzt habe ich eines.*

☐ *Stell dir vor: Ich habe mit meinen Freundinnen hier eine super Geburtstagsparty gefeiert. Bei uns im Garten, mit Grillen am Abend.*

Anschließend haben wir Völkerball und Verstecken gespielt. Dann gab's eine Schatzsuche.

☐ *Hallo Annika,*

☐ *Unterwegs gab es verschiedene Stationen mit Päckchen für alle meine Gäste. Aber die musste man eben erst finden.*

☐ *Kennst du das? Meine Eltern haben in unserer Siedlung mit Kreide Markierungen angebracht und Schilder aufgehängt, denen wir nachgehen mussten.*

☐ *vielen Dank für deine lieben Geburtstagsgrüße. Ich habe mich sehr darüber gefreut!*

☐ *Bis bald am Handy!*

☐ *Herzliche Grüße*
deine Nina

☐ *Ich weiß bloß meine Rufnummer noch nicht. Ich ruf dich aber gleich an und sage sie dir.*

☐ *Geht es dir auch gut? Hoffentlich!*

Punkte: ___ max. 12

Überprüfe nun deine Antworten im Lösungsteil und gib dir für jede richtige Antwort einen Punkt. **Du kannst maximal 25 Punkte erreichen.**

Gesamtpunkte: ___ max. 25

23 – 25 Punkte:
Bravo, das hast du schon sehr gut gemacht!

10 – 22 Punkte:
Nicht schlecht, aber wenn du ein paar Übungen wiederholst, kannst du dich sicher noch verbessern.

0 – 9 Punkte:
Das Thema Erzählen bereitet dir noch Schwierigkeiten. Wiederhole einzelne Übungen oder das ganze Kapitel.

2 Informieren

Wenn du deinen Lesern einen bestimmten Sachverhalt mitteilst, wenn du einen Gegenstand beschreibst oder den Inhalt eines Textes wiedergibst, informierst du deine Leser. Du musst sachlich schreiben und Fakten nennen. Das folgende Kapitel zeigt dir, wie du den Sachstil und verschiedene Formen des Informierens trainieren kannst.

2.1 Über ein Ereignis berichten

Wenn du einen Bericht über ein **Ereignis** schreibst, informierst du über eine Begebenheit, die wirklich stattgefunden hat. Dazu beantwortest du **alle W-Fragen.**
Der Bericht ist **dreiteilig aufgebaut**. In jedem Teil informierst du die Leser über bestimmte Sachverhalte.
In der **Einleitung** gibst du eine **Überblicksinformation** über das Geschehen. Du beantwortest die Fragen: **Was** ist geschehen? **Wo** und **wann** geschah es? **Wer** war beteiligt?

Im **Hauptteil** wird der **Kern des Geschehens** ausführlich dargestellt. Du beantwortest die Fragen: **Was** ist geschehen? **Wie** ist es geschehen? **Warum** ist es geschehen?

Im **Schluss** zeigst du die **Folgen des Ereignisses** auf. Dazu beantwortest du die Frage: **Welche Folgen** hatte das Geschehen?
Der Bericht soll die Leser **informieren**, du musst deshalb im **Sachstil** schreiben. Unter Sachstil versteht man:

- du darfst keine Spannung erzeugen,
- da das Geschehen wichtig ist, verwendest du öfter das Passiv,
- es gibt keine Ausrufe und keine wörtliche Rede,
- du vermeidest umgangssprachliche Wendungen,
- wenn möglich, verwendest du Fachbegriffe,
- du bildest Satzgefüge und verwendest dazu Konjunktionen,
- du hältst dich an den zeitlichen Ablauf des Geschehens.

Das Tempus des Berichts ist das **Präteritum**.

1

Welche Überschriften deuten darauf hin, dass es sich um einen Bericht handelt? Kreuze sie an.

a) Einbruch im Lebensmittelmarkt Erdem ☐

b) So ein Glück! ☐

c) Glück im Unglück ☐

d) Unfallschwerpunkt Urbankreuzung ☐

e) Im Raumschiff um die Erde ☐

2

Welcher der folgenden Sätze gehört zu einem Bericht?

a) Hatte ich ein Glück! Genau das, was ich für die Klassenarbeit gelernt hatte, kam dran.
b) Als Enya den Läufer schlug, war das Schachspiel für Gregor nicht mehr zu gewinnen.
c) Da hörte ich das Geräusch wieder! Was war das bloß?
d) Christina kann einfach nicht verlieren.

Zu einem Bericht gehört Satz:

a) ☐ b) ☐ c) ☐ d) ☐

3

Welche Wörter haben in einem Bericht grundsätzlich nichts zu suchen? Streiche sie aus.

gestern – stockfinster – Notruf – ein – dämlich – Fahrzeug – Polizist – gelb – Dummkopf – sinnvoll – Falschfahrer – geil – gern – Blechschaden – auffällig – Feuerwehr – drei – Dienstschluss – kanarigelb – doof – Wache – Blinker – totenbleich – seltsam – strohdumm – Taschentuch – richtig – rosa – Leiter – Unfall – blöd – genau – Bulle – Autobahn

2.2 Einen Gegenstand beschreiben

Wenn du einen Gegenstand beschreibst, achtest du darauf, dass deine Beschreibung sachlich und so genau wie möglich ist, damit ihn jeder wiedererkennen könnte.

Bei der Gegenstandsbeschreibung steht der Gegenstand im Mittelpunkt. Du musst ihn deshalb genau beschreiben und darlegen, wozu er zu **gebrauchen** ist. Nenne deshalb folgende **Fakten:**

- Wie groß ist der Gegenstand (in Zentimetern, Metern oder mithilfe von Vergleichen)?
- Aus wie vielen verschiedenen Teilen besteht er?
- Welche Form hat er (eckig, rund, quaderförmig, länglich usw.)?
- Welche Farbe hat er?
- Aus welchem Material, welchen Materialien besteht er? Wie ist das Material beschaffen (glänzend, matt, glatt, rau usw.)?
- Wozu dient der Gegenstand? Was kann man mit ihm machen?

Die Gegenstandsbeschreibung wird in **sachlicher Sprache** abgefasst. Beginne mit den Teilen, die ins Auge fallen und gehe dann zu den weniger wichtigen über. Verwende keine persönlich gefärbten Werturteile. Um den Gegenstand genau zu beschreiben, kannst du allerdings auf **Vergleiche** zurückgreifen: „sieht aus wie …", „lässt sich vergleichen mit …".

Eine Gegenstandsbeschreibung schreibt man im **Präsens**.

1

Welche Adjektive gehören nicht in eine Gegenstandsbeschreibung? Kreuze an.

leuchtend rot	☐
pfeilschnell	☐
coolgelb	☐
nachtdunkelschwarz	☐

2

Unterstreiche in dem folgenden sachlichen Brief alle Aussagen, die so nicht in eine Gegenstandsbeschreibung gehören.

Erik Weber
Berliner Str. 203
80805 München

Polizeiinspektion
Johann-Fichte-Str. 4
80805 München

Fahrraddiebstahl

Sehr geehrte Damen und Herren,

ich wende mich heute an Sie, weil ich einen Diebstahl anzeigen möchte. Ich stellte gestern um 15 Uhr mein Fahrrad am Marienplatz ab, weil ich einige Einkäufe zu erledigen hatte. Als ich gegen 17 Uhr zurückkam, war mein Fahrrad weg – gestohlen wie ich vermute.
Bei meinem Fahrrad handelt es sich um ein lilablassblauhübsches Herrenrennrad Marke Peugeot, Größe 24. Das coole Rad hat einen geilen Rennlenker, der mit 14 Diddl-Aufklebern verziert ist. Die megascharfe Hupe hatte die Form einer sich kringelnden Schlange. Der Gepäckträger fehlt, ebenso die beiden Schutzbleche – was soll ich damit auf dem Rennrad? Auf den Pedalen befindet sich ein „Ich bin der Größte"-Aufkleber. Der Sattel hat die Form eines Reitersattels, und er ist hellbraun, das ist doch Spitzenklasse, oder? Wenn Sie mein Lieblingsfahrrad finden, geben Sie mir bitte Bescheid.

Mit freundlichen Grüßen

Erik Weber

Checkliste: Informieren

Wenn du informierst, möchtest du deinen Lesern etwas **mitteilen**. Ein informierender Text muss sachlich sein, deshalb verwendest du den **Sachstil**. ☐

- **Sachstil** bedeutet
  - du erzeugst **keine Spannung**. ☐
  - **Gedanken, Gefühle** und **Meinungen** werden nicht erzählt, sondern nur genannt. ☐
  - du verwendest keine **wörtliche Rede** und **Ausrufe**. ☐
  - du gebrauchst, wenn möglich, **Fachbegriffe**. ☐
  - du bildest mithilfe von **Konjunktionen Satzgefüge**. ☐

Wenn du über ein **Ereignis** berichtest,
- informierst du über ein **Ereignis**, an dem **du selbst beteiligt** warst oder **von dem du gehört hast**. ☐
- beantwortest du im Bericht die **W-Fragen**. ☐
- teilst du den Bericht in **drei Teile**. ☐
- berichtest du im **Präteritum**. ☐

Wenn du eine **Gegenstandsbeschreibung** verfasst,
- informierst du über einen **Gegenstand**. ☐
- nennst du die Fakten, die den Gegenstand anschaulich machen. ☐
- beschreibst du im **Präsens**. ☐

1

Wie musst du die folgenden Sätze ergänzen, damit der Leser informiert wird? Wähle aus den angegebenen Möglichkeiten aus. Es sind mehrere Antworten möglich.

a) Der Kakadu ist

☐ mein Lieblingstier ☐ ein großer Sittich ☐ ein lustiger Vogel

b) Das Skateboard, das meinem Freund gestohlen wurde, ist

☐ schön ☐ neu ☐ blau

c) Zum Pizzabacken braucht man

☐ viele Freunde ☐ Spaß ☐ Olivenöl

d) Die neue Outdoorjacke von Ben hat

☐ abgedichtete Nähte ☐ genau seine Größe ☐ eine Handytasche

Punkte: max. 7

2

Die folgenden Sätze passen nicht in einen informierenden Text. Unterstreiche die umgangssprachlichen Wendungen und verbessere dann die Sätze in deinem Trainingsheft, ohne ihren Sinn zu verändern.

a) Meine Eltern kapieren einfach nicht, dass ich das Fach Deutsch nicht mag.

b) Der Film ist voll blöd.

c) Ich sah, wie der Fahrer des Sportwagens in den Obststand hineinbretterte.

d) Die Wettkampfentscheidung war total mies.

Punkte: max. 4

Überprüfe nun deine Antworten im Lösungsteil und gib dir für jede richtige Antwort einen Punkt. **Du kannst maximal 11 Punkte erreichen.**

Gesamtpunkte: max. 11

9–11 Punkte: Beim Thema „Informieren" bist du schon sehr sicher.

5–8 Punkte: Gutes Ergebnis, aber du kannst dich sicher noch verbessern, wenn du einzelne Übungen aus dem Kapitel wiederholst.

0–4 Punkte: Es wäre gut, wenn du das Kapitel nochmal wiederholst.

3 Appellieren

Das Wort „appellieren" kommt aus dem Lateinischen und heißt soviel wie „jemanden auffordern" oder „sich an jemanden wenden". Schriftliche Appelle begegnen dir auch außerhalb der Schule häufig: in der Werbung, in Wahlkampfreden, in Tageszeitungen und auf Flugblättern.
Im folgenden Kapitel erfährst du, wie du schriftlich appellieren, also dich „an jemanden wenden" kannst, und wie dir das hilft, einen Leserbrief zu verfassen.

3.1 Einen Leserbrief schreiben

Wenn du einen Leserbrief schreibst, möchtest du damit meist nicht nur deine Meinung ausdrücken, sondern etwas erreichen.

Der Leserbrief ist **dreiteilig aufgebaut**:
- In der **Einleitung** gibst du den **grundlegenden Gedanken** wieder. Du erwähnst, warum du den Leserbrief schreibst.
- Im **Hauptteil** legst du den **Sachverhalt** dar, nennst du deinen **Standpunkt** und grenzt ihn gegen andere ab.
- Im **Schluss appellierst du an die Leser**, sich deinen Vorstellungen anzuschließen.

Der Leserbrief soll über einen Sachverhalt **informieren**, aber zugleich andere Leser zum **Überdenken ihrer Meinung** oder zu einer **bestimmten Handlung anregen**. Du musst deshalb
- den Sachverhalt exakt darlegen,
- deine Gedanken, Gefühle und deine Meinung äußern,
- die Leser in deine Gedanken einbeziehen,
- die Leser auffordern, den Sachverhalt in deinem Sinn zu verändern.

Der Leserbrief soll **in einer Zeitung veröffentlicht** werden. Deshalb
- sollte er nicht zu lang sein,
- darf er nicht unsachlich sein,
- sind Beleidigungen absolut tabu.

Einen Leserbrief schreibt man im **Präsens**.

1

Welche zwei Argumente enthält dieser Auszug aus einem Leserbrief?

… Die Zustände vor dem Albert-Einstein-Gymnasium sind inzwischen untragbar. Morgens um 8.00 Uhr und mittags nach Schulschluss laufen die Schüler einfach über die Straße – oft zwischen den wartenden Schulbussen hindurch. Damit gefährden sie sich selbst! Es kommt ja auch immer wieder zu Unfällen. Aber auch unschuldige Autofahrer werden in Auffahrunfälle verwickelt, weil der Vordermann plötzlich bremsen muss.

1. Argument: ______________________________________

____

2. Argument: ______________________________________

____

2

Wofür könnte der Leserbriefschreiber am Ende seines Briefs appellieren? Kreuze an.

a) Für die Einstellung des Schulbusverkehrs ☐

b) Für die Aufstellung von Absperrgittern zwischen Bürgersteig und Straße ☐

c) Für Unterrichtsbeginn um 9.00 Uhr ☐

d) Für die Schaffung eines Zebrastreifens ☐

3

Welcher Schlusssatz passt zu diesem Leserbrief?

a) Es muss endlich etwas geschehen!

b) Das war der letzte Leserbrief, den ich geschrieben habe!

c) Wann setzen sich die Verantwortlichen endlich an einen Tisch?

Als Schlusssatz passt Satz: a) ☐ b) ☐ c) ☐

1

Streiche in folgendem Leserbrief die Begriffe, die unpassend sind, und korrigiere ihn dadurch so, dass die Zeitung ihn abdrucken würde.

Im Gegensatz zu dem Reporter Ihrer Zeitung bin ich der Meinung, dass es sich um ein **(wenig gelungenes / hundsmiserables)** Schulkonzert gehandelt hat. Die Jazz-Gruppe war **(grottenschlecht / schwach)**, die Bläser haben **(katastrophal gespielt / wenig harmoniert)**, und die Big Band hat **(sich zu viel zugemutet / bestimmt nie geprobt)**. Der Musiklehrer, der dieses Konzert organisiert hat, **(hat seinen Beruf verfehlt / sollte das Konzept überdenken)**. Ich werde das nächste Konzert sicherlich nicht besuchen.

Punkte: max. 5

2

Welche Sätze passen nicht in einen Leserbrief?

a) Untersuchungen haben gezeigt, dass Schüler morgens um 8.00 Uhr noch gar nicht aufnahmefähig sind.

b) Sie können sich auch noch kaum auf den Straßenverkehr konzentrieren, was den Schulweg für viele so gefährlich macht.

c) Doch das kapieren die Lehrer nicht, oder sie wollen es nicht kapieren, weil sie mittags pünktlich zum Essen zuhause sein wollen! Ich kenne da einige!

d) Denen geht es ja allen bloß um ihre Mittagsruhe! Aber von den Schülern alles verlangen!

e) Vielleicht ändert sich ja an unserem Schulalltag doch noch etwas, wenn nur genug Eltern darum kämpfen!

Punkte: max. 2

Gesamtpunkte: max. 7

In diesem Test kannst du maximal 7 Punkte erreichen.

5–7 Punkte: Das Thema *Appellieren* macht dir keine Schwierigkeiten.

0–4 Punkte: Beim Thema *Appellieren* bist du noch nicht so sicher. Wiederhole am besten das ganze Kapitel.

Umgang mit Texten

1 Sachtexten Informationen entnehmen

Es kommt häufig vor, dass du das, was du im Unterricht gelernt hast, zuhause nachbereiten und vertiefen sollst. Meist wird erwartet, dass du den Lernstoff im Lehrbuch oder in einem Jugendsachbuch nachliest. Doch diese Sachtexte sind nicht immer leicht zu verstehen.
Im folgenden Kapitel trainierst du, mit Sachtexten richtig umzugehen.

1.1 Markieren und notieren

Einen unbekannten Text musst du erst erschließen, um seinen Inhalt zu verstehen. Dabei kannst du dir helfen, indem du auffällige Textstellen oder Begriffe anstreichst und dir am Rand des Textes Notizen machst. Das darfst du natürlich nur, wenn dir das Buch gehört oder dir der Text in Kopie vorliegt.

Erschließen von Sachtexten:

- **Markiere** beim ersten Lesen alle Wörter, die du nicht sofort verstehst. Möglicherweise wird dir bei der weiteren Lektüre des Textes ihre Bedeutung klar. Andernfalls solltest du in einem **Wörterbuch** nachschlagen oder bei deinem Lehrer nachfragen.
- Beim zweiten Lesen des Textes werden dir die Wörter auffallen, die mehrmals vorkommen und für den **Sinnzusammenhang** besonders wichtig sind. Diese **Schlüsselwörter** solltest du besonders **deutlich hervorheben**.
- Inzwischen ist dir bestimmt viel zu diesem Text eingefallen: Beispiele aus dem Unterricht, Sachverhalte, die das Gelesene ergänzen, oder Zusammenhänge, die du nicht verstehst. **Notiere** diese am Rand des Textes, auch sie helfen dir, den Text zu verstehen.

Es ist hilfreich, wenn du immer die gleiche Art der Markierung verwendest, z. B. „Unterringeln" für unklare Begriffe, Einkreisen zur Hervorhebung von Schlüsselwörtern usw. Welche Art der Markierung du wählst, bleibt aber dir überlassen.

1

Im folgenden Bericht aus einer Computerzeitschrift finden sich bestimmt Namen und Begriffe, die du nicht sofort verstehst. Unterstreiche sie.

Neue Abos für Musik

Musik scheint im Trend zu liegen. Gleich zwei Anbieter wollen ihre Musik so unters Volk bringen: Die Klingeltonfirma Jamba gemeinsam mit dem Mobilfunker Debitel so wie der Internet-Musikshop „Musicload" von T-Online. Die Idee klingt verlockend. Völlig legal soviel Musik aus dem Internet überspielen, wie man will. Und dafür pro Monat ungefähr so viel bezahlen wie für eine CD im Laden. Haken: Wenn Sie das Abo kündigen, lässt sich die heruntergeladene Musik nicht mehr hören.

2

Markiere in folgendem Schulbuchtext über den Neandertaler alle Schlüsselwörter und schreibe an den Rand, was dir auffällt.

Der Neandertaler

Im Sommer 1856 fanden Arbeiter in einem Steinbruch im Neandertal bei Düsseldorf versteinerte Knochen. Anfangs hielt man diese für die Reste eines Höhlenbären. Erst als Wissenschaftler sie mit anderen urzeitlichen Skelettresten verglichen, erkannten sie, dass es sich dabei um die Überreste einer bisher unbekannten Frühmenschenart handelte. Da sich der Neandertaler dem kälteren Klima im Norden angepasst hatte, hatte er eine geringere Körpergröße und wirkte, da er sehr kräftig und muskulös war, recht plump. Er hatte eine fliehende Stirn, über den Augen starke Knochenwülste, ein zurücktretendes Kinn und sehr kräftige Kiefer. Sein Gehirn war aber größer als das des modernen Menschen. Heute weiß man, dass die Neandertaler geschickte Handwerker waren: Sie konnten gut brauchbare Steinwerkzeuge herstellen und einfache Schmuckstücke anfertigen. Auch ihr soziales Verhalten war außergewöhnlich: Die jüngeren, tatkräftigen Hordenmitglieder haben für die alten und verletzten gesorgt. Grabfunde haben gezeigt, dass Neandertaler ihre Toten beisetzten oder sie verbrannten. Dass man in den Gräbern Werkzeuge und Tierschädel fand, könnte daraufhin deuten, dass sie an ein Leben nach dem Tod glaubten.

1.2 Gliedern und Zwischenüberschriften finden

Um einen Sachtext zu verstehen, musst du dich genau mit seinem Aufbau und mit seinem Inhalt beschäftigen.

Verstehen von Sachtexten:

- **Gliedere** den Text in Sinnabschnitte. Jeder Sinnabschnitt behandelt einen anderen Aspekt des Themas oder ist dadurch gekennzeichnet, dass andere Personen dazu kommen. Oft kannst du Sinnabschnitte auch daran erkennen, dass ein neuer Absatz beginnt.
- Formuliere dann für jeden Sinnabschnitt eine **Zwischenüberschrift** oder fasse sie ihn **in einem Satz zusammen**. Das hilft dir, das Gelesene auf den Punkt zu bringen und es wirklich zu verstehen.

1

Gliedere den folgenden Text in Sinnabschnitte. Markiere die Sinnabschnitte mit einem Bleistiftstrich.

Warum Eier zu Ostern?

Warum hängen wir keine bunten Eier an den Weihnachtsbaum und verstecken stattdessen Geschenkpäckchen im Gras? Weil es früher zu Weihnachten kaum Eier gab. Erst wenn die Tage länger wurden, legten die Hühner wieder genug. Aber in der Fastenzeit, also von Aschermittwoch bis zum Osterfest, war es den Gläubigen einmal streng verboten, Eier zu essen. Gerade dann, wenn die Hühner besonders viele Eier legten! Also kochte man sie hart, damit sie sich bis nach der Fastenzeit hielten. (…) So wurden Eier aus ganz praktischen Gründen zu Ostereiern!

Zur Zeit der alten Ritter wurde es dann Brauch, liebe Menschen mit bunt bemalten Ostereiern zu überraschen. Kunstvolle Bilder wurden auf die Eischale gemalt! Die alten Chinesen färbten schon lange vor den Rittern Eier zum Frühlingsfest. Ihre Lieblingsfarbe: Rot wie Blut und Feuer. Rot galt als die

Farbe des Lebens. Im alten Ägypten wurde die Sonne als Gott verehrt. Also schenkte man sich dort vergoldete Eier zum Frühlingsanfang und wünschte sich eine gute Ernte. Das Ei gilt als Zeichen für Fruchtbarkeit und neues Leben. Deshalb passt es auch zum Osterfest der Christen. Die Gläubigen feiern die Auferstehung von Jesus Christus. Weil das Ei auch ein Zeichen für Wiedergeburt und Auferstehung ist, übernahmen sie den Brauch, im Frühling Eier zu verschenken.

Das erste Osterei soll der römische Kaiser Maxentius bekommen haben. Er sagte: „Ich glaube nur dann an die Auferstehung von Jesus, wenn vor meinen Augen ein Stein lebendig wird." Da brachte ihm die Königstochter Katharina ein Entenei. Der Kaiser sah, wie die Schale zersprang und die kleine Ente aus dem Ei schlüpfte. (…) Das soll den Kaiser überzeugt haben.

2

Gib den einzelnen Sinnabschnitten nun Zwischenüberschriften.

Sinnabschnitt 1: ______________________________

____

Sinnabschnitt 2: ______________________________

____

Sinnabschnitt 3: ______________________________

____

Checkliste: Sachtexten Informationen entnehmen

Damit dir der Umgang mit Sachtexten leicht fällt, solltest du folgende Punkte beachten:

- Sachtexte haben **sachliche Inhalte**. ☐
- Sachtexte wollen **informieren**. ☐
- Sachtexte sind in einem **sachlichen Stil** verfasst. ☐
- Sachtexte findest du in **Zeitungen, Schulbüchern** und **Jugendsachbüchern**. ☐

- Um Sachtexte zu **erschließen**, solltest du sie **mehr als einmal lesen**. ☐
- Wörter, die du nicht kennst, **markierst** du und **klärst** ihre **Bedeutung**. ☐
- Du markierst ebenfalls Wörter, die für das Textverständnis besonders wichtig sind (**Schlüsselwörter**). ☐
- Alles, was dir zu dem Text einfällt, Gedanken, Fragen, Vergleiche, Beispiele, **notierst** du **am Rand**. ☐

- Um Sachtexte zu verstehen, **gliederst** du sie in Sinnabschnitte. ☐
- **Sinnabschnitte** erkennst du daran,
  - dass ein **neuer Absatz** beginnt. ☐
  - dass ein **neuer Gesichtspunkt** angesprochen wird. ☐
- Du fasst jeden Sinnabschnitt in einer **Zwischenüberschrift** zusammen. ☐

1

Lies den folgenden Sachtext über den deutschen Archäologen Heinrich Schliemann (1822 – 1890) mehrmals gründlich. Er bildet die Grundlage für die folgenden Aufgaben.

Zusatzinformation: Heinrich Schliemann hatte keine leichte Kindheit. Früh verlässt er sein Zuhause und macht sich auf den Weg in die große weite Welt.

Was immer der einstige Pechvogel von nun an anfasst, verwandelt sich in Gold. Nach raschem Aufstieg in der Firma macht er sich selbstständig. Er hat nur ein Ziel vor Augen: möglichst schnell viel Geld zu verdienen. Er hat wenig Gewissensbisse. Als es zum Krieg zwischen England und Russland kommt, machte er Riesengewinne als Munitionslieferant.

Mit 46 Jahren besitzt er ein fantastisches Vermögen von elf Millionen Gulden! Genug, um sich seinen Kindheitstraum zu erfüllen. Er ändert sein Leben. Mit Sondererlaubnis des französischen Kultusministeriums wird er 1866 Student in Paris – der älteste im ganzen Land. Bald schon tritt er mit einer wissenschaftlichen Veröffentlichung hervor.

Sein Werk heißt „Ithaka, der Peloponnes und Troja". Hier überrascht Schliemann die Öffentlichkeit mit seiner Theorie: das alte Troja liege nahe dem Dorf Hisarlik!

Die Altertumsforscher lachen nur über den Außenseiter. Denn Troja – das ist doch bloß ein Märchen! Und selbst wenn an der alten Geschichte von Homer etwas dran wäre, dann könnte die Stadt nur auf den Hügeln des türkischen Örtchens Bunarbaschi zu finden sein – nicht aber zehn Kilometer weiter bei Hisarlik.

Heinrich Schliemann kümmert sich nicht um das Gespött. Ab 1870 geht er mit heimischen Arbeitern ans Werk. Sie graben sich durch eine römische Schicht, bis sie in siebzehn Metern Tiefe auf rohe Burgmauern stoßen. Und am 17. Juni 1873 kommt Heinrich Schliemanns Sternstunde! Sie sehen glänzendes Metall aus der Erde blitzen.

Sofort schickt er die Arbeiter zur Essenspause. Dann macht er sich allein mit seiner Frau daran, einen gewaltigen Schatz zu bergen: Goldene Becher und silberne Krüge schält er aus dem Erdreich, kunstvolle Armbänder und Ohrringe, reich geschmückte Streitäxte und verzierte Kupferkessel. Schliemann ist sicher: Er hat den Schatz des Priamos gefunden! Als das bekannt wird, gilt er nicht länger als reicher Narr, sondern wird der berühmteste Mann seiner Zeit!

Noch bleiben ihm sieben Jahre, in denen er das sagenhafte Mykene ausgräbt und wieder gewaltige Goldschätze findet. Im Jahr 1890 reißt der Herztod Heinrich Schliemann aus seiner rastlosen Arbeit. – Heute wissen wir: Der große Hobby-Ausgräber hat sich oft geirrt. Sein „Schatz des Priamos" entstammte einer viel älteren Kultur. Doch niemand kann ihm sein Hauptverdienst streitig machen: Sein Glaube an Homer hat eine vor mehr als 3000 Jahren versunkene Kultur wieder ans Tageslicht gebracht!

Kathrin van Booth

2

Aus wie vielen Sinnabschnitten besteht der Text über Heinrich Schliemann?

1 ☐ 3 ☐ 5 ☐ 7 ☐ 9 ☐

Punkte: max. 1

3

Gib den einzelnen Sinnabschnitten in deinem Trainingsheft eine passende Zwischenüberschrift.

Punkte: max. 7

4

Nenne drei Schlüsselbegriffe.

Schlüsselbegriff 1: ______________________________

Schlüsselbegriff 2: ______________________________

Schlüsselbegriff 3: ______________________________

Punkte: max. 3

Überprüfe nun deine Antworten im Lösungsteil und gib dir für jede richtige Antwort einen Punkt. **Du kannst maximal 11 Punkte erreichen.**

Gesamtpunkte: max. 11

9 – 11 Punkte:
Bravo, das hast du schon sehr gut gemacht!

6 – 10 Punkte:
Nicht schlecht, aber du kannst dich sicher noch verbessern.

0 – 5 Punkte:
Beim Thema *Sachtexten Informationen entnehmen* bist du noch nicht so sicher. Wiederhole einzelne Übungen oder das ganze Kapitel.

2 Literarische Gattungen unterscheiden

Im Deutschunterricht lernst du verschiedene Textarten kennen: die Szene, die Erzählung, das Märchen, die Sage und das Gedicht. Diese Textarten werden in verschiedene, so genannte literarische Gattungen eingeteilt. Die Szene ist (wie das Theaterstück) ein dramatischer Text, Erzählung, Märchen und Sage sind erzählende Texte oder Prosatexte, das Gedicht gehört zu den lyrischen Texten.
Im folgenden Kapitel trainierst du, wie du anhand typischer Merkmale Erzählung, Märchen, Sage und Gedicht unterscheiden kannst.

2.1 Die Erzählung

Die Erzählung ist ein Text, den man in der Alltagssprache „Geschichte" nennt. Die Erzählung spielt in der **realen Welt**, die uns umgibt.

- Meist kommen nur **wenige Personen** vor, die lebensecht und **wirklichkeitsnah** beschrieben sind.
- Auf die **Länge** des Textes kommt es nicht an, eine Erzählung kann sehr kurz sein, aber auch so lang wie ein Roman.
- Die **Handlung** einer Erzählung beschränkt sich meist auf ein Ereignis, das sich in verschiedene **Erzählschritte** unterteilen lässt.
- Man unterscheidet die **Ich- und Er-/Sie-Erzählung.**
- Wichtig ist die Unterscheidung von **äußerem** (Handlung) und **innerem Geschehen** (was in den Personen vorgeht).
- Die Erzählung ist **oft in Alltagssprache** geschrieben.

1

a) Lies folgende Erzählung genau und finde heraus, ob es sich um eine Ich- oder um eine Er-/Sie-Erzählung handelt.

Träumen

Es gibt Tage, da wache ich morgens auf und bin fröhlich. Warum, weiß ich nicht. Es kommt mir so vor, als hätte ich die ganze Nacht gelacht. Oft kann ich mich nicht erinnern, was ich geträumt habe. Manchmal sind es wunderbare, lustige, märchenhafte Träume. Überhaupt geht es in Träumen so zu wie im Märchen. Sind Träume bunt? Haben sie Farben, solche, wie ich sie normal sehe, oder sind es ganz andere Farben? Vielleicht sind sie nur schwarz-weiß, wie Zeitungsbilder? Rede ich, wenn ich träume, lache ich? Weine ich richtig? Einmal bin ich aufgewacht, mitten in der Nacht, und meine Augen waren nass. Wo war ich? Ich war an einem wüsten, einsamen Ort, und mir sind furchtbare Sachen geschehen. Welche, wusste ich nicht, es war eben so. Da waren Leute. Eine riesige Menge und sie rannten hinter mir her und ich lief wie in Sirup, kriegte die Füße nicht hoch und hörte sie schreien. Ich hoffte im Traum, ich weiß das noch genau, ich hoffte, dass es ein Traum wäre. Nur ein Traum! Aber es war schreckliche Wirklichkeit: Ich fiel und fiel in diesen Sirup weg und weinte und schrie ... da wachte ich auf. Langsam wurde ich unvorstellbar glücklich – es war doch nur ein Traum! Nichts davon war geschehen. Nichts war wirklich. Mein Kopfkissen kam mir weicher als sonst vor, meine Decke wärmer. Ich war geborgen und in Sicherheit.
Am allerliebsten mag ich Träume, in denen ich ... also, es fängt meistens so an, dass ich auf einem Turm stehe oder Dach, hoch über allem. Ich weiß, ich werde sofort runterfallen. Davor habe ich Angst und zittere. Aber von einem Moment auf den anderen bin ich ganz sicher, dass mir nichts geschehen wird: Ich kann doch fliegen! Ich lasse mich einfach fallen und fliege. Sehe die Straßen unter mir. Die Häuserdächer. Fliege über Wälder und große Wasserflächen, so sicher und leicht wie ein Vogel. Solche Träume müssten Wirklichkeit sein. Warum kann ich im Traum etwas, was ich sonst nicht kann?

Susanne Kilian

Es handelt sich um eine ☐ Ich-Erzählung ☐ Er-/Sie-Erzählung

b) Welche Handlung steht in dieser Erzählung im Mittelpunkt?

☐ die innere Handlung ☐ die äußere Handlung

2.2 Märchen und Sage

Märchen und Sage spielen in längst vergangenen Zeiten. Trotzdem gibt es Unterschiede zwischen den beiden Textarten.

Das Märchen

Das Märchen wurde früher von Generation zu Generation **mündlich weitergegeben.**
Man unterscheidet **Volksmärchen und Kunstmärchen.**

Volksmärchen haben feste Bestandteile:
- das Aufeinandertreffen von Gut und Böse, wobei das Gute siegt,
- typische, fantastische Figuren (König und Königin, die böse Stiefmutter, tapfere Handwerker, Hexen und Zauberer, Riesen und Zwerge),
- sprechende Tiere (Wolf, Geißlein),
- Prüfungen, die eine Figur bestehen muss,
- magische Zahlen (drei, sieben),
- stereotype Wendungen („es war einmal …“),
- wann und wo die Handlung spielt, bleibt ungewiss.

Kunstmärchen wurden von Dichtern im 18. und 19. Jahrhundert erfunden. Sie gleichen den Volksmärchen in Thema, Inhalt und Aufbau.

Die Sage

Sagen gehen auf **mündliche Überlieferungen** zurück.
Sie handeln oft von **unglaublichen, übersinnlichen oder unheimlichen Begebenheiten.**
Die Ereignisse sind oft **auf fantastische und wunderbare Weise ausgestaltet.**
Im Mittelpunkt von Sagen stehen ganz **besondere Persönlichkeiten**, z. B. Helden oder Götter.
Sagen sind an eine **bestimmte Zeit** und an einen **bestimmten Ort** gebunden.

1

Finde und unterstreiche im folgenden Märchenanfang drei Kennzeichen eines Märchens.

Allerleirauh

Es war einmal ein König, der hatte eine Frau mit goldenen Haaren, und sie war so schön, dass sich ihres Gleichen nicht mehr auf Erden fand. Es geschah, dass sie krank lag, und als sie fühlte, dass sie bald sterben würde, rief sie den König und sprach: „Wenn du nach meinem Tod dich wieder vermählen willst, so nimm keine, die nicht eben so schön ist, als ich bin, und die nicht solche goldene Haare hat, wie ich habe; das musst du mir versprechen." Nachdem es ihr der König versprochen hatte, tat sie die Augen zu und starb. Der König war lange Zeit nicht zu trösten und dachte nicht daran, eine zweite Frau zu nehmen.

Brüder Grimm

2

Nenne drei Gründe, warum es sich bei dem folgenden Textauszug um eine Sage, nicht um ein Märchen handelt:

Tantalos

Tantalos war ein Sohn des Zeus und einer menschlichen Mutter. Er herrschte zu Sipylos in Lydien. Seiner hohen Abstammung wegen waren ihm die Götter sehr zugetan. Sie überhäuften ihn mit Macht, Reichtum und Ruhm, sie würdigten ihn ihrer vertrauten Freundschaft. Und endlich gewährten sie ihm sogar, was vor ihm noch keinem Sterblichen erlaubt gewesen war: Er durfte mit an der Tafel des Zeus speisen und alles mit anhören, was die Unsterblichen unter sich besprachen. Die außerordentlichen Ehren, die ihm die Himmlischen zuteil werden ließen, stiegen dem Menschen zu Kopfe. Er wurde übermütig und vergaß die Grenze zwischen Erlaubtem und Unerlaubtem. Er entwendete Nektar und Ambrosia von der himmlischen Tafel und verteilte den Raub unter seine irdischen Genossen. Er prahlte mit den Geheimnissen, die die Götter ihm anvertraut hatten. Endlich setzte er allen Freveln die Krone auf, indem er den Göttern bei einem Gastmahl seinen eigenen Sohn Pelops, den er hatte schlachten lassen, als Speise vorsetzte, um ihre Allwissenheit auf die Probe zu stellen. Die Götter merkten den Gräuel, fügten die zerstückelten Glieder des Knaben wieder zusammen und gaben ihm das Leben zurück. Tantalos selbst aber stießen sie in die Unterwelt hinab und verhängten die grässlichsten Qualen über ihn.

Drei Gründe, warum es sich bei Tantalos um eine Sage handelt:

1. ______________________________

____

2. ______________________________

____

3. ______________________________

____

2.3 Gedichte

Gedichte unterscheiden sich schon optisch von anderen Texten, denn sie sind in einer besonderen Form aufgeschrieben.
Längere Gedichte sind in einzelne Absätze unterteilt. Diese nennt man **Strophen.**
Die Strophen bestehen aus einzelnen Gedichtzeilen, **Verse** genannt. Diese füllen meist nicht die ganze Buchseite aus.
Oft reimen sich die letzten Silben eines Verses. Das nennt man **Endreim**.
Folgende **Endreime** kommen häufig vor:

- der **Paarreim**. Dabei reimen sich zwei aufeinanderfolgende Verse miteinander. Darstellung: aabb,
- der **Kreuzreim**. Dabei reimen sich der erste und der dritte, der zweite und der vierte Vers usw. Darstellung: abab,
- der **umgreifende Reim**. Dabei reimen sich der erste und der vierte und der zweite und der dritte Vers. Darstellung: abba.

In den Gedichten werden häufig **sprachliche Mittel** eingesetzt, die das Geschriebene verdeutlichen. **Wichtige sprachliche Mittel** sind:

- sprachliche Bilder, die helfen, bekannte Sachverhalte neu zu sehen (z. B. „Die linden Lüfte sind erwacht" zur Beschreibung der Frühlingsstimmung),
- Personifikationen, die leblose Dinge oder abstrakte Begriffe mit menschlichen Eigenschaften ausstatten (z. B. „Blumen, die den Tod erwarten" zur Darstellung einer Herbststimmung).

1

Lies das folgende Gedicht mindestens zweimal genau durch und beantworte dann die Fragen a – c.

a) Aus wie vielen Strophen besteht das Gedicht?

1 ☐ 3 ☐ 5 ☐ 7 ☐
9 ☐ 11 ☐ 13 ☐ Strophe(n)

b) Aus wie vielen Versen besteht das Gedicht?

1 ☐ 3 ☐ 5 ☐ 7 ☐
9 ☐ 11 ☐ 13 ☐ Versen

c) Welches Endreimschema erkennst du?

abbacdced ☐ aabbccedd ☐ abbaccdde ☐

Er ist's

Frühling lässt sein blaues Band
Wieder flattern durch die Lüfte;
Süße, wohlbekannte Düfte
Streifen ahnungsvoll das Land.
Veilchen träumen schon,
Wollen balde kommen.
– Horch, von fern ein leiser Harfenton!
Frühling, ja du bist's!
Dich hab ich vernommen!

Eduard Mörike (1804–1875)

2

Finde im Gedicht „Er ist's" ein sprachliches Bild und schreibe es heraus. Was könnte es bedeuten?

Sprachliches Bild: ______________________

Deutung dieses Bildes: ______________________

____

____

3

Finde im Gedicht „Er ist's" eine Personifikation und schreibe sie heraus. Notiere dann, was sie bedeutet.

Personifikation: ______________________

____

Deutung dieses sprachlichen Mittels: ______________________

____

____

Checkliste: Literarische Gattungen unterscheiden

Man unterscheidet **drei Hauptgruppen** von Textarten: dramatische Texte, erzählende Texte und Gedichte. ☐

Zu den **erzählenden Texten** (Prosatexten) gehören Erzählungen, Märchen und Sagen. ☐

Gedichte rechnet man der literarischen Gattung **Lyrik** zu. ☐

Die Erzählung erkennst du an folgenden Merkmalen:

- sie spielt in der **realen Welt**. ☐
- sie lässt sich in verschiedene **Erzählschritte** einteilen. ☐
- sie lässt sich nach **Ich-** und **Er-/Sie-Erzählung** unterscheiden. ☐
- sie ist oft in **Alltagssprache** geschrieben. ☐

Märchen und Sagen erkennst du an folgenden Merkmalen:

- In **Märchen** ist die Trennung zwischen **Fantasie und Wirklichkeit** aufgehoben. ☐
- **Typische Märchenelemente** sind: fantastische Figuren, sprechende Tiere, Prüfungen für den Helden, magische Zahlen, stereotype Wendungen am Anfang und am Ende des Märchens. ☐
- In **Sagen** stehen oft **Götter und Helden** im Mittelpunkt. ☐
- Sagen sind an eine **bestimmte Zeit** und an einen **bestimmten Ort** gebunden. ☐

Gedichte erkennst du an folgenden Merkmalen:

- Gedichte unterscheiden sich oft schon im **Druckbild** von anderen Textsorten. ☐
- Auf folgende Aspekte solltest du bei der **Untersuchung von Gedichten** achten: Strophenbau, Anzahl der Verse, Endreim, sprachliche Mittel. ☐

3 Literarische Texte verstehen

Im vorangegangenen Kapitel hast du trainiert, Texte der verschiedenen literarischen Gattungen zu unterscheiden.
In diesem Kapitel erfährst du, wie du an literarische Texte herangehen kannst, um sie zu verstehen.

3.1 Erschließungsfragen stellen

Texte und ihren Sinnzusammenhang zu verstehen, gelingt am besten, wenn du geeignete, so genannte **Erschließungsfragen** an sie stellst.

- Was finde ich an dem Text **besonders auffallend**, **witzig**, **beeindruckend**?
- Was erscheint mir **besonders wichtig**?
- **Welche Fragen** habe ich an den Text? Welche Sachverhalte möchte ich geklärt haben?

1

Lies den folgenden kurzen Text zweimal genau durch.

Das Hirtenbüblein

Es war einmal ein Hirtenbübchen, das war wegen seiner weisen Antworten, die es auf alle Fragen gab, weit und breit berühmt. Der König des Landes hörte auch davon, glaubte es nicht und ließ das Bübchen kommen. Da sprach er zu ihm: „Kannst du mir auf drei Fragen, die ich dir vorlegen will, Antwort geben, so will ich dich ansehen wie mein eigen Kind, und du sollst bei mir in meinem königlichen Schloss wohnen." Sprach das Büblein: „Wie lauten die drei Fragen?" Der König sagte: „Die erste lautet: Wie viel Tropfen Wasser sind in dem Weltmeer?" Das Hirtenbüblein antwortete: „Herr König, lasst alle Flüsse auf der Erde verstopfen, damit kein Tröpflein mehr daraus ins Meer läuft, das ich nicht erst gezählt habe, so will ich Euch sagen, wie viel Tropfen im Meere sind." Sprach der König: „Die andere Frage lautet: „Wie viel Sterne stehen am Himmel?" Das Hirtenbübchen sagte: „Gebt mir einen großen Bogen weiß Papier." Und dann machte es mit der Feder so viel feine Punkte darauf, dass sie kaum zu sehen und fast gar nicht zu zählen waren und einem die Augen vergingen, wenn man darauf blickte. Darauf sprach es:

„So viel Sterne stehen am Himmel, als hier Punkte auf dem Papier, zählt sie nur.“ Aber niemand war dazu imstand. Sprach der König: „Die dritte Frage lautet: Wie viel Sekunden hat die Ewigkeit?“ Da sagte das Hirtenbüblein: „In Hinterpommern liegt der Demantberg, der hat eine Stunde in die Höhe, eine Stunde in die Breite und eine Stunde in die Tiefe; dahin kommt alle hundert Jahr ein Vöglein und wetzt sein Schnäbelein daran, und wenn der ganze Berg abgewetzt ist, dann ist die erste Sekunde von der Ewigkeit vorbei.“ Sprach der König: „Du hast die drei Fragen aufgelöst wie ein Weiser und sollst fortan bei mir in meinem königlichen Schlosse wohnen, und ich will dich ansehen wie mein eigenes Kind.“

Brüder Grimm

2

Schreibe auf, was dir an diesem Text besonders auffällt und besonders wichtig erscheint.

____

____

____

____

____

3

Warum ist es nicht wichtig, wo und wann die Handlung spielt und wie alt das „Hirtenbüblein“ ist?

____

____

____

____

3.2 Die Handlung erfassen

Um einen literarischen Text zu verstehen, musst du das Geschehen, also die äußere Handlung genau erfassen.

- Gliedere den Text in **Sinnabschnitte**.
- Gib jedem Sinnabschnitt eine **Überschrift** oder fasse den Inhalt **in einem Satz** zusammen.
- Stelle fest, **wo** und **wann das Geschehen spielt**.
- Kläre, welche **Personen** beteiligt sind. Unterscheide dabei nach **Hauptfiguren**, die die Handlungsträger sind, und den anderen Beteiligten, den **Nebenfiguren**.

1

Markiere im folgenden Text die sechs Sinnabschnitte durch Bleistiftstriche.

Und jetzt folgt die verrückteste Geschichte, die auf unserer Klassenfahrt passiert ist. Man fasst es nicht! Kurz vor zehn Uhr – die Wilde Wanda greift eben nach ihrem Bierglas – hören wir Jammern und Stöhnen. Es klingt vom Wiesenweg her durch die Holunderbüsche und kommt langsam näher.
„Aua, au, so pass doch auf!“ „Ich kann nichts dafür … ich bin gestolpert.“ Zwei Figuren, eng aneinander geklammert, taumeln langsam auf das Heim zu. Holger und Katja.
„Tierisch“, ruft Achim, „so was hab’ ich selten gesehen. Die küssen sich im Gehen, aber mit Ausdauer!“
„Das darf doch nicht wahr sein“, donnert die Wilde Wanda. „Katja, dir hätte ich mehr Anstand zugetraut.“
„Aua, Frau Kaufmann, ich kann nicht mehr!“
Die beiden stolpern näher und dann sehen wir das „Debakel“. Holger und Katja haben sich beim Küssen mit ihren Zahnspangen verhakt und kommen nicht mehr voneinander los. Das findet selbst die Wilde Wanda urkomisch und bricht in schallendes Gelächter aus.
Im Handumdrehen verbreitet sich die Nachricht, und die beiden Verhakten sind umringt von johlenden Menschen in Nachthemden und Pyjamas. Vorsorglich macht der Meister mehrere Blitzlichtaufnahmen. Katja sendet giftige Blicke aus, und auf Holgers Stirn glänzen dicke Schweißtropfen. (…) Katja fleht: „Tun Sie doch was! Oder soll ich bis in alle Ewigkeit mit diesem Blödmann verhakelt bleiben?“

„Bis dass der Tod euch scheidet“, ulkt Herr Bechting.

Zu allem Überfluss kommen jetzt die Senioren von ihrer Kneipentour heim.

„Nun schaut euch das an. Die beiden Kinder küssen sich und alle schauen zu!“ „Früher sind wir hinter die Büsche gekrochen, wenn wir schmusen wollten“, kichert eine Frau. Darauf eine Männerstimme: „Du hast auch geglaubt, dass man vom Küssen Kinder kriegt, Luise.“ Gelächter.

„Na die scheinen ganz hübsch gebechert zu haben“, vermutet Achim.

Als die Senioren allmählich kapieren, was mit Katja und Holger passiert ist, schütten sie sich aus vor Lachen. „Besser als Kino“, japst jemand. „Wenn ich das zu Hause erzähle, glaubt mir keiner.“

„Helft mir doch“, keucht Katja, „ich kann nicht mehr.“ Dabei wackelt sie heftig mit dem Kopf, um von Holger loszukommen. „Au“, schreit er, „auaaa!!!“

Dann versucht zunächst Achim, danach der Meister, die beiden auseinander zu bekommen. Vergeblich.

Barbara Dieck (*1951)

2

Finde für jeden der Sinnabschnitte eine Überschrift:

1: ______________________________

2: ______________________________

3: ______________________________

4: ______________________________

5: ______________________________

6: ______________________________

3

Kreuze an, welche Überschrift für diesen Erzähltext passt. Achte darauf, dass sie nicht zu viel verrät und trotzdem anregt, den Text zu lesen.

Die Zahnspange	☐	Peinlich! Peinlich!	☐
Katja und Holger	☐	Manches ist doch anders, als es aussieht	☐
So eine Blamage!	☐	Küssen mit Hindernis	☐

4

Überlege, wann (bei welcher Gelegenheit) und wo sich das Geschehen zugetragen hat. Kreuze an.

nach dem Unterricht	☐	in den Ferien	☐
im Schullandheim	☐	in der Schule	☐
im Wald	☐	im Pausenhof	☐
auf dem Wandertag	☐	auf Klassenfahrt	☐

5

Welche Personen kommen in dem Erzähltext vor? Unterscheide nach Hauptpersonen und Nebenfiguren.

	Hauptpersonen	**Nebenfiguren**
Die Senioren	☐	☐
Holger	☐	☐
Frau Kaufmann	☐	☐
Herr Bechting	☐	☐
Luise	☐	☐
Katja	☐	☐
Achim	☐	☐

3.3 Inhaltliche Zusammenhänge erkennen

Wenn du den Inhalt eines Textes genau verstehen willst, musst du dich mit den Personen, ihrem Charakter und ihrem Verhalten vertraut machen. Du solltest genau untersuchen, was sie sagen und tun bzw. wie sie etwas sagen oder tun.
Stelle dir folgende Fragen:
Wie sind die verschiedenen Personen **dargestellt**?

- Was sagt der Erzähler über sie?
- Was sagen sie selbst über sich?
- Wie werden sie durch andere Personen aus dem Text gekennzeichnet?

Wie **handeln** diese Personen?

- Was tun sie freiwillig, was unter Zwang?
- Welche andere Verhaltensweise wäre denkbar?
- Warum handeln sie so und nicht anders?
- Wie wird ihr Handeln **beurteilt**?
- Wie beurteilen sie selbst ihr Tun?
- Wie beurteilen andere das, was sie tun?
- Gibt der Erzähler eine Beurteilung ab?

1

Lies den Erzähltext in Kapitel 3.2 noch einmal und schreibe drei Adjektive auf, aus denen hervorgeht, wie Katja sich fühlt.

___

2

Katja wird durch eine Aussage der Wilden Wanda charakterisiert: „Katja, dir hätte ich mehr Anstand zugetraut." (Z. 10).

a) Wie wird Katja durch diesen Satz charakterisiert?

___

___

b) Wer charakterisiert Tanja mit diesem Satz?

der Erzähler ☐
sie sich selbst ☐
eine Person aus der Erzählung ☐

3

Auch Holger wird charakterisiert. Im Text (Z. 20) heißt es „auf Holgers Stirn glänzten dicke Schweißtropfen." Was bedeutet das?

Holger hat sich angestrengt. ☐

Holger ist mit Katja weit gerannt. ☐

Holger ist heiß vom Blitzlicht der Fotografen. ☐

Holger ist die Situation peinlich. ☐

Holger schämt sich. ☐

4

Wie verhalten sich die Senioren? Unterscheide ihre ersten Reaktionen und ihre weitere Verhaltensweise.

Erste Reaktionen: ______________________________

____

Späteres Verhalten: ______________________________

____

____

5

Wie kannst du die Verhaltensänderung der Senioren erklären? Kreuze an.

Sie erinnern sich an ihre Jugend. ☐

Sie fühlen sich wie im Kino. ☐

Sie erkennen, dass den beiden geholfen werden muss. ☐

Katja und Holger tun ihnen leid. ☐

Sie finden die Situation komisch. ☐

3.4 Zusammenhang von Inhalt und Form erkennen

Inhalt und Form eines Textes müssen zusammenpassen. Tun sie das nicht, empfindet der Leser das als Störung.
Um den Zusammenhang von Inhalt und Form zu erkennen, kannst du folgendermaßen vorgehen:
Lies den Text gründlich und überlege, **ob Inhalt und Form zusammen passen.** Wenn nicht, woran liegt das?

- Widersprechen sich Inhalt und Form in ihrer Grundaussage?
- Besitzt ein erzählender Text einen besonderen Sprechrhythmus, der nicht zu ihm passt?
- Oder reimen sich die Sätze, sodass man sie eigentlich in Versform anordnen müsste?
- Wie verhält es sich bei Gedichten? Fehlen ihnen Endreim und Sprechrhythmus? Sollten sie besser als erzählender Text aufgeschrieben werden?

Wie **verändert sich die Aussage** eines Textes, wenn er in eine andere Form gebracht wird?

1

Bei folgenden Bildgedichten passen Inhalt und Form nicht zusammen. Korrigiere das und schreibe die Bildgedichte neu.

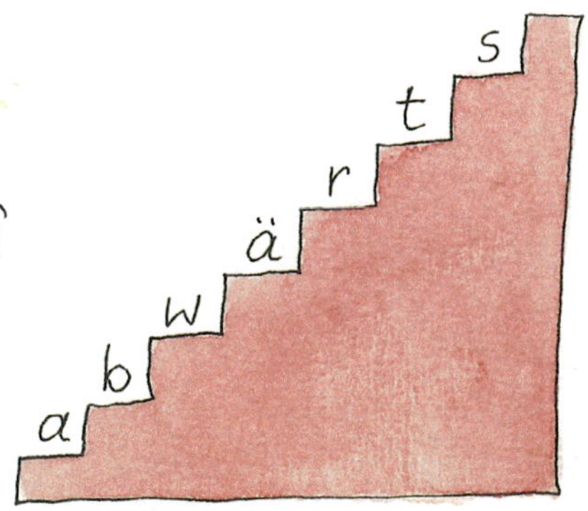

2

Lies den folgenden Text genau, am besten zweimal, durch.

Fink und Frosch

Im Apfelbaume pfeift der Fink sein: pinkepink! Ein Laubfrosch klettert mühsam nach bis auf des Baumes Blätterdach und bläht sich auf und quakt: „Ja ja! Herr Nachbar, ick bin och noch da!“ Und wie der Vogel frisch und süß sein Frühlingslied erklingen ließ, gleich muss der Frosch in rauen Tönen den Schusterbass dazwischen dröhnen. „Juchheija heija!“, spricht der Fink. „Fort flieg ich flink!“ Und schwingt sich in die Lüfte hoch. „Wat!“, ruft der Frosch. „Dat kann ick och!“ Macht einen ungeschickten Satz, fällt auf den harten Gartenplatz, ist platt, wie man die Kuchen backt, und hat für ewig ausgequakt. Wenn einer, der mit Mühe kaum geklettert ist auf einen Baum, schon meint, dass er ein Vogel wär, so irrt sich der.

Wilhelm Busch (1832–1908)

3

Du hast bestimmt festgestellt, dass der Text einen eigenartigen Satzbau und einen besonderen Rhythmus hat, den man in einem erzählenden Text nicht findet. Das liegt daran, dass es sich bei „Fink und Frosch“ um ein Gedicht handelt.

a) Schreibe dieses Gedicht nun in der typischen Gedichtform in dein Trainingsheft. Orientiere dich dabei an den Endreimen.
   Tipp: Das Gedicht besteht aus 22 Versen.

b) Welches Reimschema kannst du erkennen?

Checkliste: Literarische Texte verstehen

Um einen Text zu verstehen, musst du ihn **für dich erschließen**.
Dazu richtest du an den Text Fragen, z. B.

- Was finde ich an dem Text besonders **auffällig**?
- Was erscheint mir **besonders wichtig**?
- Was ist mir **unklar**?
- Was erscheint mir **nicht stimmig**? ☐

Um die Handlung zu erfassen,

- machst du dich mit dem Geschehen vertraut, indem du den Text in **Sinnabschnitte** gliederst. ☐
- gibst du jedem Sinnabschnitt eine **Überschrift** oder fasst ihn **in einem Satz** zusammen. ☐
- machst du dir klar:
  - **Wo** spielt das Geschehen?
  - **Wann** spielt das Geschehen?
  - **Welche Personen** sind beteiligt?
  - **Kann man Haupt- und Nebenfiguren** unterscheiden? ☐

Um inhaltliche Zusammenhänge zu erkennen, fragst du:

- Wie sind die Personen **charakterisiert**? ☐
- **Von wem** werden sie charakterisiert? ☐
- Wie **handeln** die Figuren? ☐
- **Warum** handeln sie so? ☐
- Wie muss man ihr Handeln **beurteilen**? ☐

Um den Zusammenhang von Inhalt und Form zu erkennen, fragst du:

- **Passen** die Form und der Inhalt eines Textes **zusammen**? ☐
- Was **stört** möglicherweise an der Form eines Textes? ☐
- **Wie verändert sich die Aussage** eines Textes, wenn du die Form veränderst? ☐

1

Fasse jeden Sinnabschnitt der folgenden Erzählung in einem Satz zusammen.

Der Ha-Ha

Es war einmal ein Junge, der war wie alle anderen Jungen, bis zu dem Tag, als er zur Schule kam. Da begann er zu stottern. Es fiel gleich am ersten Schultag auf, als er seinen Namen sagen sollte. „Wie heißt du?", fragte die Lehrerin. Der Junge saß in der hintersten Bank und blickte über die Köpfe der Schüler hinweg zur Lehrerin, die vorne am Pult stand. Er war ziemlich groß, aber schmächtig und scheu. Ist meine Stimme wohl stark genug, fragte er sich, dass sie über die vielen Bankreihen hinweg nach vorne dringt?
Seine Handflächen schwitzten. Er begann, so laut er konnte: „Ha". Er stockte, setzte dann nochmals an: „Ha-Ha", weiter kam er nicht. Die Köpfe der Jungen und Mädchen flogen herum. Der Junge sah in dreißig Gesichter, die gerne lachen wollten.
„Ha-Ha-Ha-", versuchte er es nochmals.
„Ha-Ha-Ha!", lachten die Kinder. Es klang wie ein Echo. Von diesem Tag an nannten sie ihn den Ha-Ha.

______________________________ **Sinnabschnitt**

Richtig hieß der Junge Harald Haltmeier. Es war ein langer Name. Wenn der Junge ihn aussprechen sollte, stolperte er über ihn wie über unsichtbare Stelzwurzeln.
Die Kinder lachten dann jedes Mal. Wenn Harald aufgerufen wurde, blickten sie erwartungsvoll nach hinten. Sie warteten gespannt, bis er einen Fehler machte.

______________________________ **Sinnabschnitt**

Die Lehrerin zeigt auf ein Bild, auf dem ein schwarzer Junge unter einer Palme stand. „Wo wohnt dieses Kind?", fragte sie. „Bitte, Harald?" „In A-Af-Affrika", stotterte Harald. „Aff! Aff!", brüllten die Schüler. Sie lachten jetzt viel lauter als am ersten Tag, wo selbst die frechsten noch ein bisschen zahm gewesen waren. Sie dachten sich nichts Böses, sie dachten sich nichts Gutes dabei. Sie dachten sich überhaupt nichts. Die schlimmsten Dinge entstehen oft gerade dadurch, dass man sich überhaupt nichts denkt.
Je lauter sie lachten, um so mehr fürchtete sich Harald. Je mehr er sich fürchtete, um so ärger stotterte er. Je ärger er stotterte, um so lauter lachten die Schüler.

____ **Sinnabschnitt**

Harald getraute sich jetzt kaum mehr, in der Schule den Mund aufzutun.
„Spielt niemand mit Harald?“, fragte die Lehrerin.
Die Kinder zuckten die Achseln. „Er stottert ja so schrecklich, der Ha-Ha“, sagten sie. „Was sollen wir mit dem.“
Wussten sie, dass er auswendig einen Löwen zeichnen konnte samt dazugehörigem Tierbändiger? Dass er vier Meter weit spucken konnte? Dass er ganz gerne in der Pause seinen Kaugummi geteilt hätte? Nichts von all dem wussten sie. Sie wussten nur, dass er stotterte.

____ **Sinnabschnitt**

Eveline Hasler (*1933)

1: ____

2: ____

3: ____

4: ____ *Punkte:* max. 4

2

Markiere im Text die Verben *stottern* und *lachen*. Kreuze an, warum es sich dabei um Schlüsselwörter handelt.

- weil sie oft vorkommen ☐
- weil sie wichtig sind für das Verständnis des Textes ☐
- weil sie zeigen, wie sich Harald und seine Mitschüler verhalten ☐
- weil es Verben sind ☐
- weil sie helfen, den Text zu verstehen ☐
- weil jeder lacht, wenn ein anderer stottert ☐

Punkte: max. 3

3

Wozu wird Harald durch sein Stottern und die Reaktion seiner Mitschüler?

Er wird zum

- Klassenclown ☐
- Helden ☐
- Außenseiter ☐
- Spitzenschüler ☐
- Liebling der Lehrerin ☐

Punkte: max. 1

4

Welche Aussagen macht die Erzählung vom „Ha-Ha"?
Es gibt mehrere Antworten.

- Jeder Junge, der Harald heißt, wird ausgelacht. ☐
- Man sollte nicht über andere lachen, wenn man sie gar nicht kennt. ☐
- Wenn sich jemand seltsam benimmt, lacht man eben. ☐
- Aus Unsicherheit kann man zum Außenseiter werden. ☐
- Man sollte sich bemühen, seine Mitmenschen kennen zu lernen. ☐
- Harald ist selbst schuld, dass er ausgelacht wird. ☐
- Harald hätte sich besser in die Klassengemeinschaft einfügen müssen. ☐

Punkte: max. 3

Gesamtpunkte: max. 11

Überprüfe nun deine Antworten im Lösungsteil und gib dir für jede richtige Antwort einen Punkt. **Du kannst maximal 11 Punkte erreichen.**

9–11 Punkte:
Bravo, das hast du schon sehr gut gemacht!

6–10 Punkte:
Nicht schlecht, aber du kannst dich sicher noch verbessern.

0–5 Punkte:
Beim Thema *Literarische Texte verstehen* bist du noch nicht so sicher. Wiederhole einzelne Übungen oder das ganze Kapitel.

Lösungen

Rechtschreibung

1 Dehnung und Schärfung

1.1 Lang gesprochener Vokal mit Dehnungs-h

1

a oder ah?

der Hahn	der Vorname	der Kran
die Bar	die Wahl	der Wal

ä oder äh?

die Träne	die Gebärde	ungefähr
jährlich	schälen	zählen

e oder eh?

der Verkehr	der Hering	die Schere
selig	vornehm	sehnen

o oder oh?

die Krone	das Ohr	hohl
der Floh	der Lohn	die Person

ö oder öh?

die Höhle	die Möhre	das Nadelöhr
fröhlich	strömen	versöhnen

u oder uh?

der Stuhl	die Uhr	besuchen
der Zufall	das Blut	der Flur

ü oder üh?

kühl	die Tüte	die Gebühr
eigentümlich	die Güte	die Bühne

2

Dehnungs-h	silbentrennendes h
zäh-len	mä-hen
neh-men	verzei-hen
dröh-nen	blü-hen
füh-ren	dro-hen
eh-ren	lei-hen

1.2 Der lange i-Laut

1

das Klima
die Maschine
die Brise
der Igel
die Biologie
der Brief
regieren
buchstabieren
widersprechen
die Krise
der Liter
das Augenlid
die Melodie
die Ironie
der Biber
das Benzin
das Klavier
die Ruine
trainieren
das Kino
wiederholen
studieren
das Sieb
widerwillig
die Lawine
die Wiese
die Batterie
die Lotterie
das Lied
die Violine
die Garantie
die Margarine
die Praline

1.3 Doppelvokale

L	D	B	C	**M**	**O**	**O**	**S**	S	V	O	S	P	K	Ö	W	M	A	L	T	K	T	**A**	Z
C	B	D	S	D	Ä	E	K	C	B	X	U	**K**	**A**	**F**	**F**	**E**	**E**	W	N	O	P	**A**	R
S	**H**	**A**	**A**	**R**	E	I	P	H	U	M	B	N	**M**	**O**	**O**	**R**	S	T	U	V	X	**S**	Z
L	D	**T**	**O**	**U**	**R**	**N**	**E**	**E**	V	O	N	P	K	Ö	W	P	**S**	**P**	**E**	**E**	**R**	H	I
W	O	O	S	D	Ä	E	K	E	**B**	**O**	**O**	**T**	X	S	A	O	L	W	N	A	S	S	R
D	**S**	**A**	**A**	**L**	P	E	M	B	**W**	**A**	**A**	**G**	**E**	B	N	W	W	Q	Ö	Ä	I	Z	Z
L	D	B	A	M	B	Q	R	**D**	**O**	**O**	**F**	P	K	Ö	W	K	**L**	**O**	**R**	**B**	**E**	**E**	**R**

aa	**ee**	**oo**
Haar	Kaffee	Moos
Saal	Tournee	Moor
Waage	Speer	Boot
Aas	Lorbeer	doof

1.4 Kurz gesprochene Vokale

1

f oder ff
Hoffnung
Heft

g oder gg
schmuggeln
Bengel

k oder ck
Korken
Spucke

l oder ll
Geld
Brille

m oder mm
Tümpel
Sammlung

n oder nn
niemand
Gewinn

p oder pp
Gips
Teppich

r oder rr
Harfe
Geschirr

s oder ss
Riss
Mist

t oder tt
glatt
Mitleid

z oder tz
Glatze
Schmerz

2

zittern – knittern
knattern – schnattern
tollen – rollen
fallen – knallen
hassen – fassen
stammeln – sammeln
jucken – spucken
schimmern – wimmern
schmatzen – kratzen
knurren – murren

Test

1

Dehnung	Schärfung
Miene	Glück
Saal	knurren
Plan	Schloss
Mine	meckern
blöken	Brett

2

Die Nordsee ist ein Randmeer des atlantischen Ozeans. In der Ostsee, einem Nebenmeer des Atlantiks, kann nur an einer Stelle ein Wasseraustausch stattfinden. An dieser Meeresenge ist die Schifffahrt oft durch sehr hohe Wellen gefährdet. Bei Niedrigwasser, der Ebbe, läuft das Wasser aus dem Wattenmeer ab, bei Flut kehrt es zurück.
Ost- und Nordsee sind während der letzten Eiszeit entstanden. Damals war das gesamte heutige norddeutsche Tiefland von einer dicken Eisschicht bedeckt. Warm- und Kaltzeiten wechselten sich ab. In den Warmzeiten stieg die Temperatur an, das Eis schmolz. Die ablaufenden Schmelzwasser sammelten sich in den so genannten Urstromtälern, die quer zur heutigen Küste flossen.
Schon immer holten die Küstenbewohner ihre Nahrung aus dem Meer: Heringe, Makrelen, Scholle, Heilbutt und Seezunge.

3

Die **Verwandlung**
Die **meisten** Tiere auf unserer Erde sind **Insekten**. Wenn sie sich **vermehren**, durchläuft jeder **Nachkomme** eine Reihe von **Verwandlungen**. Zuerst **legen Insekten** Eier. Diese sind sehr klein und werden **geschickt** an **Pflanzenteile** geheftet. **Manchmal** verbergen die **Insekten** sie in der Erde. Nach einiger Zeit **schlüpfen** daraus die Larven. Sie **ähneln** dem zukünftigen **Insekt** nicht. Ihr **kennt** das von den Larven der **Schmetterlinge**, die wir **Raupen** nennen. Die **hässliche** Larve gefällt uns oft nicht. **Trotzdem** wird **später** daraus ein leuchtender, **bunter Falter**. Wir sehen ihn gern und denken nicht **daran**, dass seine Larve **vielleicht** ein **schädliches Insekt** war.

Leicht zu verwechselnde Laute 2

2.1 ai und ei

1

Europa und die Antarktis sind die **einzigen beiden** Kontinente, auf denen **keine Papageien** leben. Auffälligste **Kennzeichen** dieser Vögel sind der Krummschnabel, die kurzen **Beine** und das bunte **Farbenkleid**. Männchen und **Weibchen** sind **meist gleich** gefärbt, die **weiblichen** Exemplare oft **ein** wenig **kleiner**. Das **Weibchen** legt 2–5 **weiße** Eier und bebrütet sie **allein**, nur **bei** den Kakadus brütet auch das Männchen. **Papageien** sind sehr gesellig. Zu **zweit** oder in **kleinen** Gruppen ziehen sie mit lautem **Geschrei** umher. Wenn **ein Papagei eine** ergiebige Nahrungsquelle gefunden hat, lockt sein aufgeregtes **Gekreische** sofort den Rest des Schwarms **herbei**.

2

a) Mit dieser **Saite** kannst du einen Ton anschlagen, diese **Seite** kannst du geräuschlos aufschlagen.
b) Frankfurt liegt am **Main**, **mein** Pausenbrot dagegen zu Hause.
c) An deiner Stelle würde ich einem **Laien** nicht die Motorsäge **leihen**.
d) Heute macht **kein** Schiff mehr am **Kai** fest.

2.2 äu und eu

1

glauben – gläubig
sauber – säubern
Schaum – schäumen
faulen – Fäulnis
Raub – Räuber

2

läuten, Meuterei, Bäuerin, Zeuge, Träume, treu
Beute, Schwimmhäute, Beule, Täuschung, bedeuten
Bräutigam, Leute, wiederkäuen, räuchern,
Feuerteufel, Häuptling, Kniebeuge, neulich, Äußerung

2.3 ä und e

1

a) Gärtner – Garten
b) glätten – glatt
c) mächtig – Macht
d) Fähre – fahren
e) Ärmel – Arm
f) schälen – Schale
g) Schwäche – schwach
h) rächen – Rache

2

Zuerst legen Insekten Eier. Diese sind sehr klein und werden geschickt an Blätter geheftet. Manchmal verbergen die Insekten sie in der Erde. Die Larven, die daraus entschlüpfen, ähneln dem späteren Insekt noch nicht. Ihr kennt das von den Schmetterlingen.

2.4 b, d, g – p, t, k

1

Schrank	Schränke	Zwang	Zwänge
Staub	Staubkorn	Lump	Lumpen
Kalb	Kälber	Skalp	des Skalpes
Tod	des Todes	Not	Nöte
Spuk	spuken	Trug	trügerisch
bunt	bunter	gesund	gesünder

2

b oder p im Anlaut	b oder p im Inlaut	b oder p im Auslaut
Bach	Tulpe	Staub
Probe	Grube	Flop
Pult	Trompete	Raub
Bein	Raupe	Sieb
Pinsel	Traube	Top
Park	Haube	Leib
Bass, Pass	Pumpe	Camp
Bord	Rispe	Trieb
Busch	Narbe	Hieb

Test

1

Am**ei**sen und Termiten gehören zu den h**äu**figsten Inse**k**ten. Trotz vieler **Ä**hnlichkeiten sind Am**ei**sen und Termiten aber nicht n**ä**her verwan**dt**. Die nächsten Verwan**dt**en der Am**ei**sen sind B**ie**nen und We**sp**en. Wie diese haben auch Am**ei**sen eine „We**sp**ent**ai**lle". Termiten sind blasser und weichh**äu**tiger ohne schlanke T**ai**lle. Termiten fr**e**ssen Pflanzent**ei**le, vor allem Holz. Die N**e**ster befinden sich in der N**ä**he der Nahrungsqu**e**lle. Da Termiten nicht zwischen B**äu**men und H**äu**sern untersch**ei**den, können sie große Sch**ä**den anrichten.

2

a) Der Förster bekam auf sein neues Gewehr ein Jahr Garantie, allerdings ohne Gewähr, dass jeder Schuss ein Treffer sein würde.
b) Diese Ähre erntet der Landwirt, diese Ehre der Nobelpreisträger.
c) Segen gibt es in der Kirche, Sägen im Baumarkt.
d) Häute von Krokodilen wurden früher häufig zu Handtaschen und Schuhen verarbeitet. Heute ist das verboten.

3 s-Laute (s, ss, ß)

3.1 Stimmhaftes und stimmloses „s“

1

s	ss	ß
Gans	Biss	süß
Rose	Fluss	fließen
Riese	Wissen	Klöße
bis	Missverständnisse	Füße
Nase	Pass	Maß
Scheusal	nass	außerdem
Insel	Zirkusse	Soße
Laus	Abfluss	Stoß

2

Blau hervorgehoben: Pluralformen mit stimmhaftem s
Rot hervorgehoben: Pluralformen mit stimmlosem s nach kurzem Vokal
Grün hervorgehoben: Pluralformen mit stimmlosem s nach langem Vokal

das Fass	**die Fässer**	**der Preis**	**die Preise**
das Glas	**die Gläser**	**das Maß**	**die Maße**
der Bass	**die Bässe**	**der Spaß**	**die Späße**
der Gruß	**die Grüße**	**der Kuss**	**die Küsse**
der Fluss	**die Flüsse**	**das Gefäß**	**die Gefäße**
der Fuß	**die Füße**	**der Vers**	**die Verse**

3

a) Sie vergaßen (**sl**), ihre Nasen (**sh**) zu putzen.
b) Auch Riesen (**sh**) sollten ihre Blumen gießen (**sl**).
c) Meine Tanten besaßen (**sl**) chinesische Vasen (**sh**).
d) Die Hunde sprangen vom Schoße (**sl**) ihres Herrchens und schossen (**sl**) bellend zur Tür.

4

a) Jan hat laut geniest. – Fred genießt die Ferien.
b) Yette reist nach Italien. – Der Gärtner reißt Unkraut heraus.

c) Thea liebt die Küste. - Svea küsste ihren Liebsten.
d) Tom ist ein Faulpelz. - Paul isst ein Brötchen.

3.3 das oder dass?

1

a) **Das** Faultier schläft bis zu 20 Stunden am Tag.
   Ein Faultier schläft bis zu 20 Stunden am Tag. (**A**)
b) **Das** schafft selbst ein Faulpelz nicht.
   Dies schafft selbst ein Faulpelz nicht. (**D**)
c) Das Riesenfaultier, **das** am Boden lebte, war so groß wie ein Elefant.
   Das Riesenfaultier, **welches** am Boden lebte, war so groß wie ein Elefant. (**R**)
d) **Das** Faultier bewegt sich nur im Zeitlupentempo.
   Ein Faultier bewegt sich nur im Zeitlupentempo. (**A**)
e) Jonas kann **das** sehr gut nachmachen.
   Jonas kann **dies** sehr gut nachmachen. (**D**)

2

Auch **das** noch! **Das** neue Fahrrad, **das** Jan erst seit zwei Wochen besitzt, hat einen platten Hinterreifen. **Das** liegt bestimmt daran, **dass** er gestern Abend **das** zerbrochene Glas auf dem Fahrradweg erst zu spät gesehen hat. Für Jan bedeutet **das**, **dass** er heute mit dem Bus zur Schule fahren muss und **dass** er am Nachmittag **das** Fahrrad reparieren muss. **Das** Treffen nach der Schule, **das** er gestern mit seiner Freundin verabredet hat, kann er jetzt vergessen. Er hofft aber, **dass** er mit dem Flicken des Reifens so schnell fertig sein wird, **dass** er noch zum Fußballtraining fahren kann.

Test

1

Gefräßige Flusspferde

Flusspferde spielen in den ostafrikanischen Seen und Flüssen eine maßgebliche Rolle. Während des Tages wälzen sie sich im Wasser, dessen Auftriebskräfte sie das große Gewicht ihres massigen Körpers viel besser ertragen lässt. In der Nacht machen sie sich zum Grasen an den Ufern auf, wo sie bis zu 40 kg Gras fressen. Ergebnis einer solchen ballaststoffreichen Ernährungsweise sind Tonnen an Flusspferddünger. Durch die halbverdauten Pflanzenteile sorgen die nächtlichen Pflanzenfresser dafür, dass der Fluss fruchtbar wird. Kleine Tiere im Wasser fressen den

Dung, die Fische fre**ss**en die kleinen Tiere, und die Vögel fre**ss**en die Fische.
Die Flu**ss**pferde dienen auch als Ra**s**enmäher und kürzen da**s** Gra**s** am Rande des Sees. So schaffen sie ideale Ni**s**tplätze für die am Boden brütenden Pelikane und Löffler. Auf vielfältige Wei**s**e tragen Flu**ss**pferde also dazu bei, da**ss** der Krei**s**lauf der Natur nicht abrei**ß**t.

2

a) Selbst **Esel essen äußerst** selten **Obstsalat**, dessen **Salatsoße ausschließlich** aus **Essig** besteht.
b) Anstatt die **abgerissenen** Seiten eines **Abreißkalenders** einfach **massenhaft** auf den **Fußboden** zu **schmeißen**, ist es **besser**, sie in **regelmäßigen** Abständen von einem **Reißwolf fressen** zu lassen.
c) **Wusstest** du **das** schon, **dass** du **das dass**, **das** früher mit ß geschrieben wurde, jetzt mit ss schreiben **musst**?

4 Groß oder klein?

4.1 Satzanfänge und Nomen

1

Polargebiete
Die Polargebiete haben kurze **Sommer** und lange, dunkle **Winter**. **Hier** herrschen schneidende **Winde**, das **Wasser** ist gefroren, und **Schnee** und **Eis** erschweren den **Landtieren** die **Fortbewegung** und die **Nahrungssuche**. **Die Tiere** sind hier auf ein dickes **Fell** und auf eine **Art Frostschutzmittel** im **Blut** angewiesen.
Die beiden **Polargebiete** der **Erde** sind sehr unterschiedlich. **Das Gebiet** um den **Südpol**, die **Antarktis**, ist ein von **Eis** bedeckter **Kontinent**. **Im Unterschied** dazu handelt es sich beim **Gebiet** um den **Nordpol**, der **Arktis**, um ein zugefrorenes **Meer**.

2

-heit	-keit	-nis	-ung
Dunkelheit	Ehrlichkeit	Erlaubnis	Beobachtung
Freiheit	Heiterkeit	Geständnis	Drohung
Klugheit	Traurigkeit	Wagnis	Mahnung
Gesundheit			Verletzung

4.2 Aus Verben werden Nomen

1

Pinguine in Bewegung

Pinguine zählen zu den Vögeln, die im Laufe ihrer Entwicklung vom Fliegen abgekommen sind. Dazu gehörte die Umgestaltung der Flügel zu kräftigen Flossen. Auch das Laufen scheint ihnen nicht zu liegen und sieht mehr wie ein angestrengtes Watscheln aus. Der ungewöhnlich aufrechte Gang, der den Pinguinen bei ihrer mühsamen Fortbewegung an Land etwas Drolliges verleiht, ist in Wirklichkeit aber sehr energiesparend. Doch das wahre Element des Lebens der Pinguine ist das Wasser. Hier bewegen sie sich mit großer Eleganz und Mühelosigkeit fort. Beim Schwimmen erreichen Pinguine während kurzer Sprints eine Geschwindigkeit von bis zu vierzig Kilometern pro Stunde, und auch beim Tauchen legen sie erstaunliche Leistungen an den Tag. Für Kaiserpinguine sind Tauchgänge von mehr als achtzehn Minuten und bis in eine Tiefe von mehr als 500 Metern belegt. Auch das Sprungvermögen von Pinguinen ist enorm. Beim Verlassen des Wassers können sie bis zu 1,80 Meter hoch springen, um auf eine Eisscholle zu gelangen. Trotzdem erwecken Pinguine manchmal den Anschein, als wäre ihnen das Eintauchen ins Wasser nicht besonders lieb: Vor dem Losschwimmen kommt es am Wasserrand häufig erst zur Ansammlung einer größeren Gruppe, und es kann dann bis zu einer halben Stunde dauern, bis der erste Pinguin den Mut zum Hineinspringen ins Wasser aufbringt.

2

a) Es ist **zum** Verzweifeln, den heimischen Stürmern **beim** Auslassen selbst größter Torchancen zuschauen zu müssen.
b) **Mit** dem Boxen solltest du gar nicht erst anfangen, wenn dir deine Nase lieb ist.
c) **Nach** seinem Scheitern im Achtelfinale von Wimbledon hängte Moritz Mecker seine Tennisschläger an den Nagel.
d) **Während** des Spielens denkt Katja immer nur **ans** Gewinnen.

4.3 Aus Adjektiven werden Nomen

1

a) In den wenig bekannten **T**iefen der Ozeane entdecken die Forscher immer wieder überraschend **N**eues.
b) Unter den Adjektiven gibt es **z**ahlreiche, die man nicht steigern kann.
c) Im **G**roßen und **G**anzen war Lina mit ihrem Zeugnis zufrieden, auch wenn sie beim Durchschnitt lieber eine **E**ins vor dem Komma gehabt hätte.

d) Ich erfahre nicht das **G**eringste und das auch immer als **L**etzter.
e) Das **B**essere ist der Feind des **G**uten.
f) Weiterfahren darfst du erst bei **G**rün.

2

a) Gerrit bekam zum Geburtstag **allerlei Nützliches**.
b) **Viel Besseres** als er in seinem Aufsatz geschrieben hatte, fiel Mark zu dem Thema nicht ein.
c) Da die Klasse so früher nach Hause gehen konnte, hatte der Ausfall des Sportunterrichts auch **etwas Gutes**.
d) Dass Sheila schon wieder eine Eins in der Englischarbeit geschrieben hatte, war für sie **nichts Besonderes**.
e) Der Wetterbericht verkündet für die kommende Woche nur **wenig Erfreuliches**.

4.4 Anredepronomen

1

Sehr geehrte Frau Rowling,

ich bin ein großer Fan **Ihrer** Romane über Harry Potter und schon sehr gespannt, wie **Sie** die Geschichte von Harry enden lassen werden. Hoffentlich gut! Wie **Sie** sich bestimmt vorstellen können, war ich über Ihre Nachricht in Ihrem Online-Tagebuch sehr entsetzt, dass **Sie** Ihre Arbeit am letzten Band unterbrechen mussten, weil **Ihnen** das Schreibpapier ausgegangen ist und **Sie** an Ihrem Wohnort keinen Nachschub an Papier bekommen konnten. Ich schicke **Ihnen** deshalb ein Paket mit besonders gutem Schreibpapier, damit **Sie** möglichst schnell weiterschreiben können.
Ich wünsche **Ihnen** viel Kraft und viele spannende Einfälle bei **Ihrer** Arbeit am letzten Band und grüße **Sie** ganz herzlich

Ihre
Jana Jürgens

Test

1

Viele Eltern und **Großeltern** trauern den **Zeiten** des **Fernsehens** nach, als es nur wenige **Programme** gab und auch spätabends nur selten etwas **Brutales** auf der **Mattscheibe** zu sehen war. **Heute** dagegen laufen rund um die **Uhr** zahlreiche

Programme, kein **Thema** wird ausgespart, selbst für **Erwachsene** ist das **Angebotene** oft nur schwer verdaulich.
Die bewegten **Bilder** üben eine magische **Anziehung** auf **Kinder** aus. **Manche** sind so in den **Bann** gezogen, dass das **Abschalten** schwer fällt. **Kritisch** wird es vor allem, wenn **Kinder** nur noch vor der **Mattscheibe** hocken und ihnen die **Lust** zum **Lesen** oder zum **Herumtoben** und **Spielen** mit anderen vergangen ist. **Nur** über das **Hören** und **Sehen** lässt sich die **Welt** nicht kennen lernen. **Zudem** müssen **Kinder** nach **Ansicht** von **Medizinern** rennen, springen, klettern, fallen und im **Matsch** wühlen, um sich gesund zu entwickeln.

Grammatik und Zeichensetzung

Die Wortarten 1

1.1 Das Nomen und seine Formen

1

der/die/das	ein/eine
das Bett	ein Bett
die Krabbe	eine Krabbe
der Herbst	ein Herbst
das Buch	ein Buch
die Explosion	eine Explosion
die Farbe	eine Farbe
das Konto	ein Konto
der Apfel	ein Apfel
die Gabel	eine Gabel
der Stuhl	ein Stuhl
die Angst	eine Angst
der Pinguin	ein Pinguin
der Ozean	ein Ozean
der Buchstabe	ein Buchstabe
das Ohr	ein Ohr

2

a)	Pilot	die Piloten	b)	Zahn	die Zähne
c)	Park	die Parks	d)	Fenster	die Fenster
e)	Käse	die –	f)	Mann	die Männer
g)	Muster	die Muster	h)	Obst	die –
i)	Floß	die Flöße	j)	Flosse	die Flossen
k)	Hass	die –	l)	Lamm	die Lämmer

3

Sprechende Tiere

Das Leben in **den** Meeren und Seen hat **die** Fantasie **der** Menschen schon immer beschäftigt. Besonders interessieren sich **die** Wissenschaftler für **einen** Meeresbewohner, **den** Delfin.

Die Lebensweise **der** Delfine wird in vielen Instituten **der** Erde erforscht. **Die** Resultate ihrer Arbeit stellen **die** Forscher in Büchern, Filmen und im Fernsehen vor. So wissen wir, dass **die** Delfine sehr intelligente und lernfähige Tiere sind. Aber können sie wirklich sprechen?

In **einem** Film hat man **das** Verhalten von Delfinen aufgezeichnet und mithilfe von Mikrofonen ihre Laute registriert. Pfeiftöne in verschiedenen Tonhöhen waren zu hören. **Die** Wissenschaftler nehmen an, dass **die** unterschiedlichen Laute **eine** ähnliche Bedeutung haben wie **die** Buchstaben **des** Alphabets oder wie einfache Wörter. Aus zwei Lauten setzen **die** Delfine **die** erforderliche Information zusammen. **Eine** exakte Erklärung für deren Bedeutung gibt es aber noch nicht.

4

a)	das Flugzeug:	Nom. Sg., Neutr. / Akk. Sg., Neutr.
b)	der Klarinette:	Gen. Sg., Fem. / Dat. Sg., Fem.
c)	den Zähnen:	Dat. Pl., Mask.
d)	die Haselnüsse:	Nom. Pl., Fem. / Akk. Pl., Fem.
e)	der Pilotin:	Gen. Sg., Fem. / Dat. Sg., Fem.
f)	des Nashorns:	Gen. Sg., Neutr.

5

Kolumbus im Sturm

Im Verlauf der Nacht (Gen. Sg.) wurde aus dem Sturm (**Dat. Sg.**) ein Orkan. Die Wellenberge (**Nom. Pl.**), immer größer werdend, stürzten sich von allen Seiten auf die „Niña" und drohten das Schiff (**Akk. Sg.**) zu zerschmettern. Kolumbus (**Nom. Sg.**)

befahl, das Segel des Mittelmastes (**Gen. Sg.**) ganz tief zu setzen, um so das Schiff vor den anstürmenden Wassermassen (**Dat. Pl.**) etwas zurückzuhalten. Aber auch das half nichts. Die Gefahr wurde immer größer, und es blieb Kolumbus (**Dat. Sg.**) kein anderer Weg, als den Gewalten des Sturmes (**Gen. Sg.**) freien Lauf (**Akk. Sg.**) zu lassen.

1.2 Pronomen

1

Der Löwe und die Ziege
Auf einem sehr steilen Felsen erblickte ein Löwe eine Ziege. „Warum kommst **du**", rief **er ihr** zu, „nicht auf diese schöne fette Wiese herunter, wo **du** die trefflichsten Gräser und Kräuter findest, während **du** dort oben hungern musst."
„**Ich** danke **dir** schön für dein Angebot", sprach die kluge Ziege, die wohl die Absicht des Löwen erkannte. „**Dir** liegt mehr an meinem Fleisch als an meinem Hunger. Hier oben bin **ich** vor **dir** sicher, während **du mich** dort unten sofort verschlingen würdest."

2

ich	**mein** Hammer	**meine** Säge	**mein** Beil	**meine** Schrauben
du	**dein** Füller	**deine** Mappe	**dein** Lineal	**deine** Hefte
er	**sein** Fuß	**seine** Hand	**sein** Ohr	**seine** Augen
sie	**ihr** Schuh	**ihre** Mütze	**ihr** Kleid	**ihre** Strümpfe
es	**sein** Ball	**seine** Murmel	**sein** Poster	**seine** Ritter
wir	**unser** Zug	**unsere** U-Bahn	**unser** Boot	**unsere** Autos
ihr	**euer** Teller	**eure** Gabel	**euer** Messer	**eure** Tassen
sie	**ihr** Stuhl	**ihre** Bank	**ihr** Sofa	**ihre** Hocker

3

Wir haben zwei Katzen.	**unsere** Katzen
Du bist dieser Meinung.	**deine** Meinung
Ich mache Urlaub.	**mein** Urlaub
Er verachtet sie.	**seine** Verachtung
Ihr habt geerbt.	**euer** Erbe
Sie sind sehr müde.	**ihre** Müdigkeit
Sie war enttäuscht.	**ihre** Enttäuschung
Du schnarchst.	**dein** Schnarchen

4

Wo liegt Hamburg?	A: An der Elbe
Warum hast du mir nicht geholfen?	A: Ich war krank
Wer hat heute Geburtstag?	A: Markus
Wohin zieht eure Familie?	A: Nach Köln
Wie willst du das schaffen?	A: Üben, üben, üben
Was hast du dir dabei gedacht?	A: Nichts
Wann geht dein Flieger?	A: Morgen Nachmittag
Woher stammt das Geld?	A: Aus einem Banküberfall

1.3 Das Adjektiv

1

Der **nasse** Himmel hängt wie Blei über dem **kleinen** Hafen in der **schmalen** Meeresbucht. Die **schneebedeckten** Bergkuppen verlieren sich im **dichten Nebel**, der **eisige** Wind lässt Nase und Ohren frieren. Zum Glück haben sich die Männer vor der Abfahrt des Schiffes mit **dicken** Wollpullovern eingedeckt; die helfen auch gegen den **ständigen** Nieselregen. Die vier Besatzungsmitglieder des **alten** Fischkutters sind die **heutigen** Nachfahren jener **wagemutigen** Seefahrer, der Wikinger. Ihre **abgearbeiteten** Hände umklammern die Reling, ihre **zerfurchten** Gesichter schauen hinaus auf das **graue** Meer. **Harte** Wochen liegen vor den Männern, Wochen, in denen **schwere** Winterstürme über die **aufgewühlte** See jagen und in denen hier am Polarkreis der Tag fast so aussieht wie die Nacht. Da ist dann nichts als das **schwarze** Brausen der See und das **wilde** Rollen des Schiffes.

2

d	f	**s**	**a**	**u**	**e**	**r**	z	s
a	**w**	**ü**	**t**	**e**	**n**	**d**	t	h
c	f	**s**	**c**	**h**	**n**	**e**	**l**	**l**
h	q	ö	z	**m**	**ü**	**d**	**e**	p
g	**e**	**l**	**b**	d	j	p	u	m
k	x	**r**	**ö**	**m**	**i**	**s**	**c**	**h**
w	**e**	**i**	**n**	**z**	**i**	**g**	r	a

3

Mächtige Maya-Tempel und die Rätsel **uralter** Kulturen, **undurchdringlicher** Regenwald , **spannende** Begegnungen mit **fremden** Menschen und Traditionen – wer nach Mexiko reist, wird mit **unvergesslichen** Erlebnissen belohnt.

4

Positiv	Komparativ	Superlativ
modern	moderner	am modernsten
streng	strenger	am strengsten
hoch	höher	am höchsten
einzig	–	–
teuer	teurer	am teuersten
fröhlich	fröhlicher	am fröhlichsten
grob	gröber	am gröbsten
viel	mehr	am meisten

1.4 Die Präposition

1

Mögliche Satzbildungen:

a) Bild – Wand = Das Bild hängt **an** der Wand.
b) Herbst – Blätter = **Im** Herbst fallen die Blätter.
c) Geldnot – Banküberfall = **Aus** Geldnot beging er einen Banküberfall.
d) Blumen – Vase = Die Blumen stehen **in** der Vase.
e) Gespräch – Polnisch = Sie führten das Gespräch **auf** Polnisch.
f) Ferien – Segelkurs = **In** den Ferien mache ich einen Segelkurs.

2

a) Bild – Wand = räumliches Verhältnis
b) Herbst – Blätter = zeitliches Verhältnis
c) Geldnot – Banküberfall = Grund
d) Blumen – Vase = räumliches Verhältnis
e) Gespräch – Polnisch = Art und Weise
f) Ferien – Segelkurs = zeitliches Verhältnis

3

Heck-Meck

Selbst jetzt **im** Winter war der Hausmeister dabei, die Buchsbaumhecke rund **um** das Vorgärtchen zu bearbeiten. Mindestens einmal **in** der Woche stutzte er sie auf exakt einen Meter. Anschließend kontrollierte er **mit** Zollstock und Wasserwaage, ob sie auch akkurat hundertprozentig gerade war. Er machte ein unglaubliches Theater **wegen** der hässlichen Hecke. Wehe, jemand krümmte ihr auch nur ein Blättchen! Schon kam Herr Nudelbeck **hinter** der Gardine hervorgeschossen, **hinter** der er den ganzen Tag mit seinem ewig kläffenden Pudel auf der Lauer lag.

Test

1

Als ich noch kurze Hosen (**Akk. Pl.**) trug, war zwei Querstraßen weiter und drei Häuser links bei Bäcker Mehltau (**Dat. Sg.**) **das** Glück zu Hause. Es steckte in **einem** Holzkasten, den sogar ich bequem hätte davontragen können. In **den** Einwurfschlitz dieses Kastens (**Gen. Sg.**) hatte man zehn Groschen (**Akk. Pl.**) zu stecken, **einen** Knopf (**Akk. Sg.**) zu drücken, und dann fiel, nach **einer** kleinen spannungsgeladenen Pause, **eine** Kugel (**Nom. Sg.**) heraus. Rot, grün, braun, blau. Je nach ihrer Farbe bekam man **ein** Stück Kuchen über **den** Ladentisch gereicht. Meine Mutter (**Nom. g.**) behauptete, auf diese Weise würde Bäcker Mehltau seine altbackene Ware (**Akk. Sg.**) los. Ich aber hatte es nicht auf Gebäck abgesehen, mir stand Höheres (**Nom. Sg.**) im Sinn. Ich wollte **die** goldene Kugel, **das** Glück selbst. Fiel die heraus, bekam man einen ganzen Kasten Konfekt (**Akk. Sg.**).

2

Aus dem Tagebuch an **meine** Töchter

Heute war wieder so ein Tag. **Ich** bin noch einmal in **eure** Zimmer gegangen, und **ihr** seid beide hochgeschreckt. Nervös und mit nassen Haaren; habt gesagt, dass **ihr** nicht schlafen könnt, wie spät es denn sei. **Ich** habe **euch** zugedeckt, habe **euch** über die Stirn gestrichen, habe dabei an **meine** Mutter gedacht, habe **mir** gesagt: **Sie** sind gar nicht richtig wach, und **ihr** seid in einen unruhigen Schlaf zurückgekehrt.

3

Einmal hat mich (**1. Pers. Sg., Akk.**) einer eurer (**2. Pers. Pl., Gen.**) Lehrer gefragt: ob meine (**1. Pers. Sg., Gen.**) Tochter denn Schwierigkeiten mit dem Einschlafen habe, wenn eine Prüfungsarbeit bevorstünde. Ich (**1. Pers. Sg., Nom.**) habe ihm (**3. Pers.**

Sg., Dat.) davon erzählt, habe mir (**1. Pers. Sg., Dat.**) angehört, wie er (**3. Pers. Sg., Nom.**) sagte, das sei schlimm. Aber wir (**1. Pers. Pl., Nom.**) konnten es nicht ändern. Er (**3. Pers. Sg., Nom.**) ist dann immer freundlich zu dir (**2. Pers. Sg., Dat.**) gewesen, meine (**1. Pers. Sg., Gen.**) kleinere Tochter; du (**2. Pers. Sg., Nom.**) hast ihn (**3. Pers. Sg., Akk.**) sehr gemocht. Deine (**2. Pers. Sg., Gen.**) Angst hat er (**3. Pers. Sg., Nom.**) dir (**2. Pers. Sg., Dat.**) nicht genommen.

4

Zwischen Euphrat und Tigris

Schon 500 Jahre vor den **alten** Ägyptern haben die Sumerer im **südlichen** Mesopotamien, im Schwemmland zwischen Euphrat und Tigris, eine **frühe** Hochkultur entwickelt. Zwischen 4000 und 3000 v. Chr. entstanden dort die **ältesten bekannten** Städte der Menschheit. Die Sumerer lebten in **einzelnen** Stadtstaaten, die von Fürsten mithilfe von **zahlreichen** Beamten regiert wurden. Mittelpunkt des **politischen** und **religiösen** Lebens war der Tempel des Stadtgottes. Die Erfindung der Keilschrift war die **größte wissenschaftliche** Leistung der Sumerer.

5

a) Als der **höchste** Berg der Welt gilt der Mount Everest.
b) Bombay ist weltweit die Stadt mit den **meisten** Einwohnern.
c) Der Nil gilt als **längster** Fluss der Welt.
d) Die **tiefste** Meeresstelle der Erde ist der Marianen-Graben.

6

Treffer

Der plötzliche Lärm aber hatte eine dicke Elster aufgeschreckt, die **im** Nachbargarten (**räumliches Verhältnis**) **im** Baum (**räumliches Verhältnis**) gesessen hatte. Laut keckernd flog sie tief **über** ihre Köpfe **hinweg** (**räumliches Verhältnis**) los. Ob **aus** Angst (**Grund**) oder **aus** Protest (**Grund**), war schwer zu sagen – auf jeden Fall entflutschte ihr **beim** Abflug (**zeitliches Verhältnis**) eine saftige Portion Vogeldreck, die **mit** voller Wucht (**Art und Weise**) **auf** dem spiegelglatten Kopf (**räumliches Verhältnis**) des Hausmeisters landete. Dieser ließ sofort ein wütendes Gebrüll los. Aber das war der Soße egal. Sie lief ihm **über** das linke Auge (**räumliches Verhältnis**) und bahnte sich rasend schnell einen Weg **über** die schlecht rasierten Wangen (**räumliches Verhältnis**) des Mannes.

2 Eine Wortart für sich: Verben

2.1 Die Personalformen des Verbs

1

Person	Singular	Plural
1. Pers.	ich singe ich schüttele	wir singen wir schütteln
2. Pers.	du singst du schüttelst	ihr singt ihr schüttelt
3. Pers.	er, sie es singt er, sie es schüttelt	sie singen sie schütteln

2

du kochst = 2. Pers. Singular
wir üben = 1. Pers. Plural
sie grinst = 3. Pers. Singular
ich schlafe = 1. Pers. Singular
ihr fegt = 2. Pers. Plural

3

kaufen	„Kaufe!	„Kauft!“	„Kaufen Sie!“
sprechen	„Sprich!“	„Sprecht!“	„Sprechen Sie!“
aufhören	„Höre auf!“	„Hört auf!“	„Hören Sie auf!“
schweigen	„Schweige!“	„Schweigt!“	„Schweigen Sie!“

2.2 Die Zeitformen des Verbs – Präsens und Präteritum

1

rudern (**2. Pers. Plural**) ihr rudert
raten (**2. Pers. Singular**) du rätst
wissen (**1. Pers. Plural**) wir wissen
lächeln (**3. Pers. Plural**) sie lächeln
springen (**1. Pers. Singular**) ich springe

2

rudern (**2. Pers. Plural**)	ihr rudertet
raten (**2. Pers. Singular**)	du rietst
wissen (**1. Pers. Plural**)	wir wussten
lächeln (**3. Pers. Plural**)	sie lächelten
springen (**1. Pers. Singular**)	ich sprang

3

stark	schwach	unregelmäßig
du rietst	er träumte	wir wussten
ich sprang	ihr rudertet	
	sie lächelten	

2.3 Die Zeitformen des Verbs – Perfekt, Plusquamperfekt und Futur

1

singen – gesungen	bringen – gebracht
malen – gemalt	studieren – studiert
stehen – gestanden	schlafen – geschlafen

2

verschwinden (**3. Pers. Singular**)	– er ist verschwunden
verschlafen (**1. Pers. Plural**)	– wir haben verschlafen
abwaschen (**2. Pers. Singular**)	– du hast abgewaschen
rutschen (**1. Pers. Singular**)	– ich bin gerutscht
fliegen (**2. Pers. Plural**)	– ihr seid geflogen
lernen (**3. Pers. Plural**)	– sie haben gelernt

3

du liest – du hattest gelesen
wir sind gerannt – wir waren gerannt
ich werde helfen – ich hatte geholfen
ihr frort – ihr hattet gefroren
sie gehen – sie waren gegangen
sie log – sie hatte gelogen
er wird gewinnen – er hatte gewonnen

4

Michael **war** richtig sauer. Er **hatte gejubelt**, als er endlich genug Geld **gespart hatte**, gestern ins Kaufhaus **gegangen war** und sich das ersehnte Computerspiel **gekauft hatte**. Und nun **ließ** sich das Spiel auf seinem Computer nicht starten. Der Verkäufer **hatte gesagt**, dass es ganz leicht zu installieren sei. Michael **hatte befolgt**, was die Installationshinweise **vorschrieben**. Er **wusste** schon gar nicht mehr, wie oft er auf „Start" **geklickt hatte**. Doch auf dem Bildschirm **erschien** immer die gleiche Fehlermeldung. Wie **konnte** er Lara Croft auf seinem Rechner nur zum Laufen bringen?

Test

1

1. d) 2. c) 3. f) 4. g) 5. a) 6. e) 7. b)

2

sie werden kennen – ich habe gekannt – ich kannte
du studierst – sie haben studiert – sie werden studieren
wir riefen – wir hatten gerufen – er hatte gerufen
ihr habt zerrissen – ich werde zerreißen – er wird zerreißen
er wird essen – er hatte gegessen – er aß
du bist aufgestanden – ihr seid aufgestanden – ihr wart aufgestanden
er bummelte – er wird bummeln – sie werden bummeln
wir haben geseufzt – ich habe geseufzt – ich seufzte
ihr hattet gratuliert – ihr gratuliertet – sie gratulierten

3 Satzlehre

3.1 Arten des einfachen Satzes und ihre Satzschlusszeichen

1

a) Morgen beginnen die Ferien = Aussagesatz
b) Lasst die Katze in Ruhe! = Aufforderungssatz
c) Warum ist die Banane krumm? = Fragesatz
d) Mach bitte das Fenster auf! = Aufforderungssatz
e) Wale sind Säugetiere. = Aussagesatz
f) Woraus besteht Glas? = Fragesatz

2

a) Putz dir die Nase**!**

b) Wie viel Arbeitsspeicher hat dein Computer**?**

c) Der Orang-Utan verbringt die meiste Zeit auf Bäumen**.**

d) Lassen Sie die Waffe fallen**!**

e) Trefft ihr euch noch einmal**?**

3

a) Im Teutoburger Wald stehen **sehr alte Bäume**.
Was steht im Teutoburger Wald?

b) Manche Bäume sind **über dreihundert Jahre** alt.
Wie alt sind manche Bäume?

c) **Unter einer mächtigen Eiche** machen die Kinder ein Picknick.
Wo machen die Kinder ein Picknick?

3.2 Satzreihe und Satzgefüge

1

a) Björn mäht den Rasen **(,) und** Max harkt den Grasschnitt zusammen.

b) Karin stand heute sehr früh auf**, denn** sie wollte den Sonnenaufgang beobachten.

c) Marc bringt nie ein Pausenbrot mit**, sondern** er kauft sich lieber ein Sandwich beim Bäcker.

d) Christian lief persönliche Bestzeit im 110-m-Hürdensprint**, doch** Giovanni war zwei Zehntelsekunden schneller im Ziel.

e) Kommst du heute Nachmittag mit ins Schwimmbad **(,) oder** musst du für die Mathearbeit üben?

f) Ruth und Irina erzählen den neuesten Klatsch**, aber** Sarah kennt die Geschichten über Carsten und Maike schon.

2

Als er neun Jahre **alt war**, schwor Hannibal den Römern ewige Feindschaft. Zwischen Rom und Karthago kam es zum Krieg, **nachdem** Hannibal mit seinem Heer in Spanien den Fluss Ebro **überschritten hatte**. **Obwohl** der Winter **nahte**, überquerte Hannibal mit seinem Heer und 37 Kriegselefanten die verschneiten Alpen und drang nach Italien vor. **Nachdem** er bei Cannae ein großes römisches Heer **geschlagen hatte**, stand Hannibal kurz vor dem Gesamtsieg. Dennoch siegten am Ende die Römer, **weil** Hannibal zu wenig Hilfe aus der Heimat **bekam**.

Test

1

a) Die Gartenparty hatte gerade begonnen, **als** das Gewitter losging.
b) Du solltest jetzt aufstehen, **wenn** du deinen Bus nicht verpassen willst.
c) Malte deckt den Tisch, **während** sein Vater die Fischstäbchen brät.
d) Philipp machte es sich vor dem Fernseher bequem, **nachdem** er sich zuvor noch eine Cola und eine Tüte Chips aus der Küche geholt hatte.

2

1. d) 2. a) 3. f) 4. b) 5. c) 6. e)

1. Der Ausflug fiel ins Wasser, weil es regnete.
2. Obwohl ihr bereits übel war, aß Lina noch einen Hamburger.
3. Weil kein Zimmer frei war, übernachteten sie im Auto.
4. Sie erkannten Tim erst, als er direkt vor ihnen stand.
5. Bevor die Sonne untergeht, müsst ihr wieder im Lager sein.
6. Dana spricht wieder mit Jan, nachdem er sich entschuldigt hat.

4 Satzglieder

4.1 Prädikat und Subjekt

1

Die Uhr tickt.
Der Mond geht auf.
Das Gespenst spukt.
Das Auto rostet.
Der Blitz zuckt.
Der Bär brummt.
Die Waschmaschine schleudert.
Die Peitsche knallt.

2 und 3

Zwei Freunde **wanderten** miteinander den gleichen Weg. Da **tauchte** plötzlich vor ihnen ein Bär auf, und voller Angst **kletterte** der eine von ihnen auf einen Baum. Der andere aber **warf** sich zur Erde nieder und **stellte** sich tot. Der Bär **beschnüffelte** ihn mit der Schnauze von den Ohren bis an die Fußsohlen. Aber weil der Mann sich nicht **rührte** und auch mit aller Kraft den Atem **unterdrückte**, **hielt** er ihn für tot und

trottete davon. Denn der Bär, **sagt** man, **rührt** einen Toten nicht an.
Als der Bär längst außer Sicht **war**, **kam** der andere von seinem Baum herunter und **wollte wissen**, was ihm das Tier denn ins Ohr **geflüstert** habe. „Er **gab** mir einen guten Rat“, **bekam** er zur Antwort, „nie wieder **sollte** ich mit Freunden zusammen **wandern**, die sich in der Gefahr so tapfer aus dem Staube **machen**.“

4.2 Das Objekt

1

a) Der Pelzmantel gehört **Frau Schwarzkopf.** (**DO**)
b) Es handelt sich um **ein Erbstück ihrer Mutter**. (**AO**)
c) Eigentlich wollte sie sich **des guten Stücks** schon entledigen. (**GO**)
d) Doch dann fand sie **den Mantel** zu schade zum Wegwerfen. (**AO**)
e) Vielleicht schenkt sie **ihn** eines Tages **ihrer Tochter**. (**AO; DO**)

2

a) Der Erbonkel hinterließ seinen beiden Neffen ein stattliches Vermögen.
b) Das Geld eröffnete ihnen ganz neue Perspektiven.
c) Der eine Neffe kaufte sich und seiner Freundin eine riesige Eigentumswohnung.
d) Dem Finanzamt verschwieg er den Kauf.
e) Man klagte ihn der Steuerhinterziehung an.
f) Der zweite Neffe nutzte sein Erbe schlauer.
g) Die eine Hälfte gab er für schnelle Autos und schöne Frauen aus.
h) Die andere Hälfte legte sein Steuerberater in Wertpapieren an.

3

Akkusativobjekt	**Dativobjekt**	**Genitivobjekt**
ein stattliches Vermögen	seinen beiden Neffen	
ganz neue Perspektiven	ihnen	
eine riesige Eigentums-wohnung	sich und seiner Freundin	
den Kauf	dem Finanzamt	
ihn		der Steuerhinterziehung
sein Erbe		
die eine Hälfte		
die andere Hälfte	in Wertpapieren	

4.3 Adverbiale Bestimmungen

1

a) Nur widerwillig machte sich Mirko zu Fuß auf den Weg zum Supermarkt.
b) Auf Bitte seiner Mutter sollte er dort beim Bäcker noch schnell ein Brot kaufen.
c) Die anderen trainieren jetzt bestimmt schon auf dem Bolzplatz für das Spiel gegen die 5c am Freitag.
d) Ganz außer Atem stürmte Mirko in den Supermarkt und holte am Bäckerstand das Brot.

Zeit: jetzt; schon; am Freitag
Ort: zum Supermarkt; dort beim Bäcker; auf dem Bolzplatz; in den Supermarkt; am Bäckerstand
Grund: auf Bitte seiner Mutter
Art und Weise: nur widerwillig; zu Fuß; noch schnell; bestimmt; ganz außer Atem

2

Im Jahre 1401 wurde Klaus Störtebeker geköpft. **Ohne Kopf** soll er **auf dem Hamburger Grasbrook** noch an vier anderen verurteilten Seeräubern vorbei gewankt sein. **600 Jahre nach seinem Tod** kannst du **in Jugendbüchern** die Raubzüge des Piraten **ohne Lebensgefahr** miterleben.

Test

1

Mit Verspätung schickte heute der Pop-Versand Herrn König die bestellten CDs an seine Adresse in Bonn.
Der Pop-Versand schickte heute Herrn König mit Verspätung die bestellten CDs an seine Adresse in Bonn.
Der Pop-Versand schickte heute mit Verspätung Herrn König die bestellten CDs an seine Adresse in Bonn.
Die bestellten CDs schickte der Pop-Versand heute Herrn König mit Verspätung an seine Adresse in Bonn.
Der Pop-Versand schickte heute mit Verspätung Herrn König an seine Adresse in Bonn die bestellten CDs.

Mit Verspätung	schickte	heute	der Popversand	Herrn König	die bestellten CDs	an seine Adresse in Bonn.
Adv. Best. der Art und Weise	**Prädikat**	**Adv. Best. der Zeit**	**Subjekt**	**Dativobjekt**	**Akkusativobjekt**	**Adv. Best. des Ortes**

2

(1) = adv. Best. des Grundes
(2) = adv. Best. des Ortes
(3) = adv. Best. der Zeit
(4) = adv. Best. des Ortes
(5) = Prädikatsklammer
(6) = Subjekt
(7) = adv. Best. des Ortes
(8) = Prädikat
(9) = Akkusativobjekt
(10) = adv. Best. der Art und Weise
(11) = adv. Best. des Ortes
(12) = adv. Best. des Ortes

Zeichensetzung 5

5.1 Kommasetzung bei Aufzählungen

1

a) Die Griechen hielten Feuer, Wasser, Erde und Luft für die Grundelemente des Lebens.

b) Wütend sprang Tom auf, packte seinen Rucksack, stieß Tina zur Seite, rannte zur Tür, riss sie auf und stürmte aus der Klasse.

c) Montag gehe ich zum Klavierunterricht, Dienstag zum Ballett, Mittwoch zum Reiten und Donnerstag zur Theater-AG.

d) Soll ich die Bank grün, rot, weiß, braun oder orange streichen?

5.2 Zeichensetzung bei wörtlicher Rede

1

Die Geisterstunde ist da, und das Friedhofsgespenst Fridolin seufzt: „Immer dieses blöde Spuken jede Nacht!“

a) Seine Frau schlägt vor: „Besuch doch mal endlich den Friedhofsgärtner!“
b) Ermuntert fliegt Fridolin zum Haus des Gärtners, schwebt durch die Mauer, und schon steht er im Wohnzimmer. Zur Begrüßung sagt er: „Guten Abend, störe ich?“
c) Der Gärtner fragt erschrocken: „Wer bist du denn?“
d) Der Geist erklärt: „Ich bin der frostige Fridolin. Ich spuke hier schon seit fünfhundert Jahren.“
e) Der Gärtner erwidert: „Ich bin erst seit fünf Jahren hier. Nachts ist mir manchmal ganz schön langweilig. Dann spiele ich Karten, nur so für mich.“
f) Fridolin fragt: „Darf ich mitspielen?“
Er darf. Sie spielen bis die Uhr eins schlägt. Fridolin gewinnt, aber nur, weil er gemogelt hat.
g) Der Gärtner wirft ihm vor: „Du hast geschummelt.“
h) Fridolin gibt zu: „Aber nur ein bisschen.“
i) Lächelnd fragt er dann: „Spielen wir morgen Nacht wieder?“
j) Der Gärtner antwortet: „Aber nur, wenn du nicht mogelst.“
k) Der frostige Fridolin sagt beim Davonfliegen: „Versprochen.“

Test

1

a) „Besuch doch mal endlich den Friedhofsgärtner!“, **schlägt seine Frau vor.**
b) „Guten Abend, störe ich?“, **sagt er zur Begrüßung.**
c) „Wer bist du denn?“, **fragt erschrocken der Gärtner.**
d) „Ich bin der frostige Fridolin. Ich spuke hier schon seit fünfhundert Jahren“, **erklärt der Geist.**
e) „Ich bin erst seit fünf Jahren hier. Nachts ist mir manchmal ganz schön langweilig. Dann spiele ich Karten, nur so für mich“, **erwidert der Gärtner.**
f) „Darf ich mitspielen?“, **fragt Fridolin.**
g) „Du hast geschummelt“, **wirft ihm der Gärtner vor.**
h) „Aber nur ein bisschen“, **gibt Fridolin zu.**
i) „Spielen wir morgen Nacht wieder?“, **fragt er dann lächelnd.**
j) „Aber nur, wenn du nicht mogelst“, **antwortet der Gärtner.**
k) „Versprochen“, **sagt der frostige Fridolin beim Davonfliegen.**

Verfassen von Texten

Erzählen 1

1.1 Die Erlebniserzählung

1

… doch was war das? Statt hinter den anderen Tieren im Gleichschritt zu **trotten**, wurde mein Esel immer schneller. Er **galoppierte** auf und davon! Schneller und schneller. „Hilfe! So helft mir doch“, rief ich laut. Doch umsonst! Ich zog fest am Zügel, **trat** ihn mit den Füßen in den Bauch – wieder wurde er schneller. Ich **riss** am Zügel, trat fester zu – er wurde noch schneller. Mir wurde ganz anderes. Wie sollte ich jemals wieder von diesem Esel herunterkommen?

2

a) Sandra musste auf der Luftmatratze eingeschlafen sein. Als sie wieder erwachte, war es um sie herum stockfinster.
b) Wo war nur seine Klasse? Benni hatte sie bei der Nachtwanderung verloren und irrte nun allein durch den Wald. Totenbleich vor Angst, stolperte er über Wurzeln und Äste.
c) Blitzblank glänzte das Fahrrad nach dem Putzen in der Sonne.

1.2 Die Fantasieerzählung

1

a) Was ich als Elefant in der Schule erlebte
b) Mit einem Außerirdischen beim Eis essen
f) Wie ich als Maus die Katze ärgerte

2

Zu einer Fantasieerzählung gehören Satz b) und c)

3

a)	weiß	schneeweiß, kreideweiß
b)	kalt	eiskalt, bitterkalt
c)	finster	stockfinster
d)	sauber	blitzsauber, pieksauber
e)	hübsch	bildhübsch

4

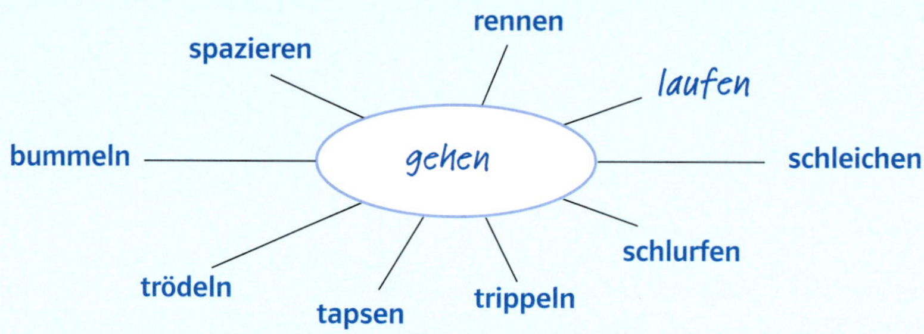

1.3 Die Bildergeschichte

1

Handlungsschritt 1: Der Sohn zeigt einem Mann ein Bild, das er von ihm gezeichnet hat.
Handlungsschritt 2: Der Vater des Jungen kommt dazu und betrachtet ebenfalls das Bild.
Handlungsschritt 3: Der Vater erkennt den Mann an seinem typischen Lachen sofort wieder und deutet auf ihn.
Handlungsschritt 4: Der Mann zerreißt verärgert die Zeichnung.

2

So könnte die Geschichte aus der Sicht des Sohnes lauten:

Schade um mein schönes Bild!

Unser Nachbar, Herr Baumer, hat ein unverwechselbares Lachen. Er lacht immer ganz herzhaft laut und verzieht dabei das Gesicht, sodass man alle seine Zähne sehen kann.
Gestern habe ich Herrn Baumer gemalt – genau so, wie er aussieht, wenn er lacht. Da er gerade vor dem Haus stand, bin ich gleich raus und habe ihm meine Zeichnung gezeigt. Er hat sie sich angesehen, sich gefreut darüber und wieder ganz laut gelacht. Dann kam mein Papa hinzu. Er hat das Bild angesehen, musste auch lachen und sagte zu mir: „Toll, Achim, du hast Herrn Baumer prima gezeichnet." Und auf Herrn Baumer deutend, lachte er: „Super hat der Junge das gemacht, ganz der Herr Baumer, nicht zu verkennen! Herr Baumer, wenn er lacht, haha!" Da wurde unser Nachbar nachdenklich, schaute sich das Bild noch einmal an, wurde rot vor Zorn im Gesicht und riss mir meine Zeichnung aus der Hand. „So eine Frechheit!", schrie er

entrüstet. „Das bin nicht ich. Ich sehe nicht so aus! Du unverschämter Lümmel!" Mit diesen Worten zerriss er mein Bild, für das ich mir solche Mühe gemacht hatte, in lauter kleine Papierfetzen.
Offenbar hatte er anfangs nicht genau hingesehen, oder er wusste nicht, wie er aussieht, wenn er lacht. Ich dachte nur: Schade um mein schönes Bild!

1.4 Die Nacherzählung

2

a) ein schwarzer Amselmann, seine blaue Amselfrau, viele schwarze Amseln
b) *die, die handeln*: viele schwarze Amseln
die, denen etwas widerfährt: der schwarze Amselmann und seine blaue Amselfrau
c) Die schwarzen Amseln werfen die Eier des schwarz-blauen Amselpaares aus dem Nest.
d) Sie sagen: „Weil wir Amseln schwarz sind."
e) „Die blaue Amsel"

Test

1

a) Dennis sah seinen Freund Sven mit dem neuen Rennrad herankommen und **rannte** ihm entgegen.
b) „Müsst ihr denn immer vor meinem Fenster Fußball spielen?", **tobte** Frau Haun.
c) Als alle Kinder johlten, **dachte** ich mir: „ Es macht schon viel Spaß, einen Vormittag als Maus in der Schule zu verbringen."
d) Plötzlich **entdeckte** ich am gegenüberliegenden Berg den Adlerhorst.
e) Tine war so begeistert von ihrem neuen Buch mit den Hexengeschichten, dass sie es in einer Stunde **verschlang**.
f) Abends half ich dann Mama, die Koteletts zu **grillen**.
g) „Das glaube ich gern, dass dir dein neuer CD-Player Freude macht!", **schmunzelte** mein Opa.
h) „Ich wusste schon immer, dass ich in Mathe besser bin als du", **triumphierte** Christoph, mein Nebensitzer.

2

	Erlebniserzählung	Fantasieerzählung	Bildergeschichte Nacherzählung
Da wurde es mir aber langsam zu dumm. Vier Touristen wollten auf mir sitzen, und ich sollte sie zu den Pyramiden tragen!	☐	X	X
Jetzt wusste ich, welche Überraschung Mama und Papa geplant hatten: Ich durfte auf einem Kamel reiten!	X	☐	X
Till Eulenspiegel lachte: „Wie sollte ich fliegen können? Ich bin doch weder Gans noch Vogel!"	☐	☐	X

3

Hallo Annika, (**1**)

vielen Dank für deine lieben Geburtstagsgrüße. Ich habe mich sehr darüber gefreut! (**2**)
Ich kann mich gar nicht mehr erinnern, dass ich dir im Ferienlager erzählt habe, wann ich Geburtstag habe. Oder habe ich es in dein Freundalbum geschrieben? (**3**)
Stell dir vor: Ich habe mit meinen Freundinnen hier eine super Geburtstagsparty gefeiert. Bei uns im Garten, mit Grillen am Abend. Anschließend haben wir Völkerball und Verstecken gespielt. Dann gab's eine Schatzsuche. (**4**)
Kennst du das? Meine Eltern haben in unserer Siedlung mit Kreide Markierungen angebracht und Schilder aufgehängt, denen wir nachgehen mussten. (**5**)
Unterwegs gab es verschiedene Stationen mit Päckchen für alle meine Gäste. Aber die musste man eben erst finden. (**6**)
Am Ende unserer Suche kamen wir zum Schatz. Stell dir vor, der war in unserem Gartenhäuschen versteckt! Der Schatz war ein großer Karton, mit vielen Klebebändern umwickelt. Und darin waren dann meine Geschenke. (**7**)
Du glaubst nicht, was ich von meinen Eltern bekommen habe. Ein Jugendlexikon, einen Vierfarbkugelschreiber, Briefpapier – und ein Handy! Juhu, ich hatte mir schon so lang ein eigenes Handy gewünscht. Jetzt habe ich eines. (**8**)
Ich weiß bloß meine Rufnummer noch nicht. Ich ruf dich aber gleich an, und sage sie dir. (**9**)

Geht es dir auch gut? Hoffentlich! (**10**)

Bis bald am Handy! (**11**)

Herzliche Grüße
deine Nina (**12**)

Informieren 2

2.1 Über ein Ereignis berichten

1

a) Einbruch im Lebensmittelmarkt Erdem
d) Unfallschwerpunkt Urbankreuzung

2

Zu einem Bericht gehören Satz b) und d)

3

stockfinster, dämlich, Dummkopf, geil, kanarigelb, doof, totenbleich, strohdumm, blöd, Bulle

2.2 Einen Gegenstand beschreiben

1

b) pfeilschnell
c) coolgelb
d) nachtdunkelschwarz

2

Erik Weber
Berliner Str. 203
80805 München

Polizeiinspektion
Johann-Fichte-Str. 4
80805 München

Fahrraddiebstahl

Sehr geehrte Damen und Herren,

ich wende mich heute an Sie, weil ich einen Diebstahl anzeigen möchte.
Ich stellte gestern um 15 Uhr mein Fahrrad am Marienplatz ab, weil ich einige Einkäufe zu erledigen hatte. Als ich gegen 17 Uhr zurückkam, war mein Fahrrad weg – gestohlen wie ich vermute.

Bei meinem Fahrrad handelt es sich um ein **lilablassblauhübsches** Herrenrennrad Marke Peugeot, Größe 24. Das **coole** Rad hat einen **geilen** Rennlenker, der mit 14 Diddl-Aufklebern verziert ist. Die **megascharfe** Hupe hatte die Form einer sich kringelnden Schlange. Der Gepäckträger fehlt, ebenso die beiden Schutzbleche **– was soll ich damit auf dem Rennrad?** Auf den Pedalen befindet sich ein „Ich bin der Größte"-Aufkleber. Der Sattel hat die Form eines Reitersattels, und er ist hellbraun, **das ist doch Spitzenklasse, oder?**
Wenn Sie mein **Lieblings**fahrrad finden, geben Sie mir bitte Bescheid.

Mit freundlichen Grüßen
Erik Weber

Test

1

a) Der Kakadu ist
- mein Lieblingstier
- ein großer Sittich

b) Das Skateboard, das meinem Freund gestohlen wurde, ist
- neu
- blau

c) Zum Pizzabacken braucht man
- Olivenöl

d) Die neue Outdoorjacke von Ben hat
- abgedichtete Nähte
- eine Handytasche

2

a) Meine Eltern **kapieren einfach** nicht, dass ich das Fach Deutsch nicht mag.
besser: verstehen/akzeptieren

b) Der Film ist **voll blöd**.
besser: Der Film gefällt mir nicht. / Der Film ist nicht gut gelungen.

c) Ich sah, wie der Fahrer des Sportwagens in den Obststand **hineinbretterte**.
besser: Ich sah, wie der Fahrer des Sportwagens ungebremst in den Obststand hineinfuhr. / Ich sah, wie der Fahrer des Sportwagens mit voller Wucht den Obststand rammte.

d) Die Wettkampfentscheidung war **total mies**.
besser: Die Wettkampfentscheidung war ungerecht. / Die Entscheidung des Wettkampfrichters konnte niemand nachvollziehen.

Appellieren 3

3.1 Einen Leserbrief schreiben

1

1. Argument: Die Schüler gefährden sich selbst.
2. Argument: Die Schüler gefährden die Autofahrer.

2

b) Für die Aufstellung von Absperrgittern zwischen Bürgersteig und Straße
d) Für die Schaffung eines Zebrastreifens

3

Als Schlusssatz passen Satz: a) und c)

Test

1

Im Gegensatz zu dem Reporter Ihrer Zeitung bin ich der Meinung, dass es sich um ein **wenig gelungenes** Schulkonzert gehandelt hat. Die Jazz-Gruppe war **schwach**, die Bläser haben **wenig harmoniert**, und die Big Band hat **sich zu viel zugemutet**. Der Musiklehrer, der dieses Konzert organisiert hat, **sollte das Konzept überdenken**. Ich werde das nächste Konzert sicherlich nicht besuchen.

2

Welche Sätze passen nicht in diesen Leserbrief?

c) Doch das kapieren die Lehrer nicht, oder sie wollen es nicht kapieren, weil sie mittags pünktlich zum Essen zuhause sein wollen! Ich kenne da einige!
d) Denen geht es ja allen nur um ihre Mittagsruhe! Aber von den Schülern alles verlangen!

Umgang mit Texten

1 Sachtexten Informationen entnehmen

1.1 Markieren und notieren

1

Möglicherweise hast du die folgenden Begriffe unterstrichen:

- unbekannte Wörter: **Abos, Trend, legal**
- unbekannte Namen: **Jamba, Mobilfunker Debitel, Internet-Musikshop „Music-load“**

2

Der Neandertaler

Im Sommer 1856 fanden Arbeiter in einem Steinbruch im Neandertal bei Düsseldorf versteinerte Knochen. Anfangs hielt man diese für die Reste eines Höhlenbären. Erst als Wissenschaftler sie mit anderen urzeitlichen Skelettresten verglichen, erkannten sie, dass es sich dabei um die Überreste einer bisher unbekannten Frühmenschenart handelte. Da sich der Neandertaler dem kälteren Klima im Norden angepasst hatte, hatte er eine geringere Körpergröße und wirkte, da er sehr kräftig und muskulös war, recht plump. Er hatte eine fliehende Stirn, über den Augen starke Knochenwülste, ein zurücktretendes Kinn und sehr kräftige Kiefer. Sein Gehirn war aber größer als das des modernen Menschen. Heute weiß man, dass die Neandertaler geschickte Handwerker waren: Sie konnten gut brauchbare Steinwerkzeuge herstellen und einfache Schmuckstücke anfertigen. Auch ihr soziales Verhalten war außergewöhnlich: Die jüngeren, tatkräftigen Hordenmitglieder haben für die alten und verletzten gesorgt. Grabfunde haben gezeigt, dass Neandertaler ihre Toten beisetzten oder sie verbrannten. Dass man in den Gräbern Werkzeuge und Tierschädel fand, könnte daraufhin deuten, dass sie an ein Leben nach dem Tod glaubten.

- Überschrift = wichtig
- vor mehr als 150 Jahren!
- der Neandertaler ist ein Deutscher
- Wann lebten Frühmenschen
- der sah bestimmt witzig au
- soso; vielleicht war er auch klüger als wir
- lebte der Neandertaler in d Steinzeit?
- eigentlich wie bei uns
- wie wir auch!
- die Neandertaler waren un sehr ähnlich

1.2 Gliedern und Zwischenüberschriften finden

1

Warum Eier zu Ostern?

Warum hängen wir keine bunten Eier an den Weihnachtsbaum und verstecken stattdessen Geschenkpäckchen im Gras? Weil es früher zu Weihnachten kaum Eier gab. Erst wenn die Tage länger wurden, legten die Hühner wieder genug. Aber in der Fastenzeit, also von Aschermittwoch bis zum Osterfest, war es den Gläubigen einmal streng verboten, Eier zu essen. Gerade dann, wenn die Hühner besonders viele Eier legten! Also kochte man sie hart, damit sie sich bis nach der Fastenzeit hielten. (…) So wurden Eier aus ganz praktischen Gründen zu Ostereiern!

Zur Zeit der alten Ritter wurde es dann Brauch, liebe Menschen mit bunt bemalten Ostereiern zu überraschen. Kunstvolle Bilder wurden auf die Eischale gemalt! Die alten Chinesen färbten schon lange vor den Rittern Eier zum Frühlingsfest! Ihre Lieblingsfarbe: Rot wie Blut und Feuer. Rot galt als die Farbe des Lebens. Im alten Ägypten wurde die Sonne als Gott verehrt. Also schenkte man sich dort vergoldete Eier zum Frühlingsanfang und wünschte sich eine gute Ernte. Das Ei gilt als Zeichen für Fruchtbarkeit und neues Leben. Deshalb passt es auch zum Osterfest der Christen. Die Gläubigen feiern die Auferstehung von Jesus Christus. Weil das Ei auch ein Zeichen für Wiedergeburt und Auferstehung ist, übernahmen sie den Brauch im Frühling Eier zu verschenken.

Das erste Osterei soll der römische Kaiser Maxentius bekommen haben. Er sagte: „Ich glaube nur dann an die Auferstehung von Jesus, wenn vor meinen Augen ein Stein lebendig wird." Da brachte ihm die Königstochter Katharina ein Entenei. Der Kaiser sah, wie die Schale zersprang und die kleine Ente aus dem Ei schlüpfte. (…) Das soll den Kaiser überzeugt haben.

2

Sinnabschnitt 1: Die Entstehung des Ostereis
Sinnabschnitt 2: Ostereier in verschiedenen Kulturen
Sinnabschnitt 3: Das erste Osterei

Test

2

Der Text besteht aus 7 Sinnabschnitten.

3

Sinnabschnitt 1: Heinrich Schliemann möchte möglichst schnell reich werden, was ihm auch gelingt.
Sinnabschnitt 2: Schliemann ändert sein Leben.
Sinnabschnitt 3: Schliemann behauptet, er wüsste, wo Troja liegt.
Sinnabschnitt 4: Die Wissenschaftler glauben Schliemann nicht.
Sinnabschnitt 5: Schliemann findet antike Überreste.
Sinnabschnitt 6: Schliemann gräbt einen Schatz aus und wird berühmt.
Sinnabschnitt 7: Schliemann entdeckt eine versunkene Kultur.

4

Schlüsselbegriff 1: Heinrich Schliemann
Schlüsselbegriff 2: Troja
Schlüsselbegriff 3: Schatz des Priamos

2 Literarische Gattungen unterscheiden

2.1 Die Erzählung

1

Es handelt sich um eine Ich-Erzählung.

2

Im Mittelpunkt steht die innere Handlung.

2.2 Märchen und Sage

1

Allerleirauh

Es war einmal ein König, der hatte eine **Frau mit goldenen Haaren**, und sie war so schön, dass sich ihres Gleichen nicht mehr auf Erden fand. Es geschah, dass sie krank lag, und als sie fühlte, dass sie bald sterben würde, rief sie den **König** und sprach: „Wenn du nach meinem Tod dich wieder vermählen willst, so nimm keine, die nicht eben so schön ist, als ich bin, und die nicht solche goldene Haare hat, wie ich habe; das musst du mir versprechen." Nachdem es ihr der König versprochen hatte, tat sie die Augen zu und starb.
Der König war lange Zeit nicht zu trösten und dachte nicht daran, eine zweite Frau zu nehmen.

2

1. Es kommen Götter vor, z. B. Zeus.
2. Eine unglaubliche Handlung steht im Mittelpunkt des Geschehens: Die Tötung des Pelops und seine Wiedererweckung zum Leben.
3. Die Handlung spielt an einem genau festgelegten Ort: in Sipylos in Lydien

2.3 Gedichte

1

a) Das Gedicht besteht aus 1 Strophe.
b) Es besteht aus 9 Versen.
c) Das Endreimschema lautet abbacdced.

2

Sprachliches Bild:
„Frühling lässt sein blaues Band / Wieder flattern durch die Lüfte"
Deutung dieses Bildes: Die Stimmung, die im Frühling herrscht, soll anschaulich gemacht werden.

3

Personifikation: „Veilchen träumen schon"
Deutung dieses sprachlichen Mittels: Anhand von bestimmten Pflanzen – Veilchen – wird die Sehnsucht nach der warmen Jahreszeit, die die ganze Welt erfüllt, verdeutlicht.

3 Literarische Texte verstehen

3.1 Erschließungsfragen stellen

2

Der König stellt einem Jungen, der wesentlich jünger ist als er, drei Fragen, die nicht zu beantworten sind. Der Junge hilft sich mit einer List: Er gibt die Vorarbeiten zur Lösung dieser Prüfung an den König zurück, dieser muss aufgeben.

3

Bei diesem Text handelt es sich um ein Märchen. Fakten sind da nebensächlich.

3.2 Die Handlung erfassen

1

Und jetzt folgt die verrückteste Geschichte, die auf unserer Klassenfahrt passiert ist. Man fasst es nicht! Kurz vor zehn Uhr – die Wilde Wanda greift eben nach ihrem Bierglas – hören wir Jammern und Stöhnen. Es klingt vom Wiesenweg her durch die Holunderbüsche und kommt langsam näher.

„Aua, au, so pass doch auf!" „Ich kann nichts dafür … ich bin gestolpert."
Zwei Figuren, eng aneinander geklammert, taumeln langsam auf das Heim zu. Holger und Katja.
„Tierisch", ruft Achim, „so was hab' ich selten gesehen. Die küssen sich im Gehen, aber mit Ausdauer!"
„Das darf doch nicht wahr sein", donnert die Wilde Wanda. „Katja, dir hätte ich mehr Anstand zugetraut."
„Aua, Frau Kaufmann, ich kann nicht mehr!"

Die beiden stolpern näher und dann sehen wir das „Debakel". Holger und Katja haben sich beim Küssen mit ihren Zahnspangen verhakt und kommen nicht mehr voneinander los. Das findet selbst die Wilde Wanda urkomisch und bricht in schallendes Gelächter aus.

Im Handumdrehen verbreitet sich die Nachricht, und die beiden Verhakten sind umringt von johlenden Menschen in Nachthemden und Pyjamas. Vorsorglich macht der Meister mehrere Blitzlichtaufnahmen. Katja sendet giftige Blicke aus, und auf Holgers Stirn glänzen dicke Schweißtropfen. (…) Katja fleht: „Tun Sie doch was!

Oder soll ich bis in alle Ewigkeit mit diesem Blödmann verhakelt bleiben?"
„Bis dass der Tod euch scheidet", ulkt Herr Bechting.

Zu allem Überfluss kommen jetzt die Senioren von ihrer Kneipentour heim. „Nun schaut euch das an. Die beiden Kinder küssen sich und alle schauen zu!" „Früher sind wir hinter die Büsche gekrochen, wenn wir schmusen wollten", kicherte eine Frau. Darauf eine Männerstimme: „Du hast auch geglaubt, dass man vom Küssen Kinder kriegt, Luise." Gelächter.
„Na die scheinen ganz hübsch gebechert zu haben", vermutet Achim.
Als die Senioren allmählich kapieren, was mit Katja und Holger passiert ist, schütten sie sich aus vor Lachen. „Besser als Kino", japst jemand. „Wenn ich das zu Hause erzähle, glaubt mir keiner."

„Helft mir doch", keucht Katja, „ich kann nicht mehr." Dabei wackelt sie heftig mit dem Kopf, um von Holger loszukommen. „Au", schreit er, „auaaa!!!"
Dann versucht zunächst Achim, danach der Meister, die beiden auseinander zu bekommen. Vergeblich.

2

Sinnabschnitt 1: Eine verrückte Geschichte beginnt mit Jammern und Stöhnen
Sinnabschnitt 2: Katja und Holger – ein Liebespaar?
Sinnabschnitt 3: Das „Debakel" wird erkennbar
Sinnabschnitt 4: Die Klasse amüsiert sich über Katja und Holger
Sinnabschnitt 5: Die Senioren kommen
Sinnabschnitt 6: Noch keine Hilfe

3

Folgende Überschriften passen zum Erzähltext:
So eine Blamage! / Peinlich! Peinlich! / Küssen mit Hindernis

4

Das Geschehen könnte sich zugetragen haben:
im Schullandheim / auf Klassenfahrt

5

	Hauptpersonen	Nebenfiguren
Die Senioren	☐	☒
Holger	☒	☐
Frau Kaufmann	☐	☒
Herr Bechting	☐	☒
Luise	☐	☒
Katja	☒	☐
Achim	☐	☒

3.3 Inhaltliche Zusammenhänge erkennen

1

Sie fühlt sich blamiert, schämt sich, möchte am liebsten in den Erdboden versinken.

2

a) Katja scheint ein braves Mädchen zu sein, dem man so etwas nicht zutraut
b) eine Person aus der Erzählung

3

Holger ist die Situation peinlich. Holger schämt sich.

4

Erste Reaktionen: Erst entrüsten sie sich über das Verhalten von Katja und Holger.
Späteres Verhalten: Dann lachen sie darüber.

5

Sie erinnern sich an ihre Jugend. / Sie finden die Situation komisch.

3.4 Zusammenhang von Inhalt und Form erkennen

1

2

Fink und Frosch

Im Apfelbaume pfeift der Fink
sein: pinkepink!
Ein Laubfrosch klettert mühsam nach
bis auf des Baumes Blätterdach
und bläht sich auf und quakt: „Ja ja!
Herr Nachbar, ick bin och noch da!"
Und wie der Vogel frisch und süß
sein Frühlingslied erklingen ließ,
gleich muss der Frosch in rauen Tönen
den Schusterbass dazwischen dröhnen.
„Juchheija heija!", spricht der Fink.
„Fort flieg ich flink!"
Und schwingt sich in die Lüfte hoch.
„Wat!", ruft der Frosch. „Dat kann ick och!"
Macht einen ungeschickten Satz,
fällt auf den harten Gartenplatz,
ist platt, wie man die Kuchen backt,
und hat für ewig ausgequakt.
Wenn einer, der mit Mühe kaum
geklettert ist auf einen Baum,
schon meint, dass er ein Vogel wär,
so irrt sich der.

3

Es liegt das Reimschema eines Paarreims vor.

Test

1

Sinnabschnitt 1: Harald beginnt an seinem ersten Schultag aus Unsicherheit zu stottern.
Sinnabschnitt 2: Die Mitschüler lachen jedes Mal, wenn Harald etwas sagt.
Sinnabschnitt 3: Das Lachen der Mitschüler wird so schlimm, dass Harald bald gar nichts mehr sagt.
Sinnabschnitt 4: Harald ist allein. Er ist zum Außenseiter geworden.

2

Es handelt sich um Schlüsselwörter,
- weil sie wichtig für das Verständnis des Textes sind,
- weil sie zeigen, wie sich Harald und seine Mitschüler verhalten,
- weil sie helfen, den Text zu verstehen.

3

Harald wird zum Außenseiter.

4

Aussagen der Erzählung:
Man sollte nicht über andere lachen, wenn man sie gar nicht kennt.
Aus Unsicherheit kann man zum Außenseiter werden.
Man sollte sich bemühen, seine Mitmenschen kennen zu lernen.

Sachregister

Ableitung eines Wortes 20 ff.
Akkusativobjekt 81
Anführungszeichen 88
Artikel, bestimmter 29, 44
Artikel, unbestimmter 44
attributive Verwendung 52
Aufforderungssatz 72
Aussagesatz 72

d*as* (bestimmter Artikel) 29
das (Demonstrativpronomen) 29
das (Relativpronomen) 29
dass (Konjunktion, Bindewort) 29
Dativobjekt 81
Dehnungs-h 8 ff.
Deklination 45
direkte Rede 88
Doppellaut 8, 26

Einfache Tempusformen 64
Einleitung 95, 106, 112
Endreim 129
Er/Sie-Perspektive 94, 96
Ersatzprobe 29
Erschließungsfragen 132
Erzählstil 94, 96
Erzähltempus 94, 96, 100

Frageprobe 78, 81, 84
Fragepronomen 49 f.
Fragesatz 72

Genitivobjekt 81
Genus 44

Hauptteil 95, 106, 112
Hilfsverb(en) 66
Homophone 18, 20

Ich-Perspektive 94
Imperativ 62

Kasus 45
Komparation 52
Konjugation 62
Konjunktion 29, 74, 88
Konsonant 8, 24
Konsonantenhäufung 13
Konsonantenverdoppelung 13

Nachsilben 13, 27, 34
Nomen 34. 44
nominalisiertes Verb 36
nominalisiertes Adjektiv 38
Numerus 45

Personalpronomen 49
Possessivpronomen 49
Prädikatsklammer 78

Sachstil 106
Schluss 95, 106, 112
Schlüsselwörter 116
silbentrennendes h 9
Sinnabschnitt 118, 134
sprachliche Mittel 129
Strophe 129

Umlaut 8
Umstellprobe 78

Verlängerungsprobe 22
Vers 129
Vokal 8
Vollverb 64

W-Fragen 106

Zusammengesetzte Tempusformen 66
Zwischenüberschrift 118

Inhalt Training Deutsch 6. Sj. (ISBN 3-12-927049-3)

Vorwort 5

Rechtschreibung

1 Konsonanten 8
1.1 Ein Laut und viele Schreibweisen: der x-Laut 8
1.2 Feine Unterschiede: der f-Laut (f, ph, pf, v) 11
1.3 Die Vorsilben end- und ent- 14
1.4 Tod und tot 16
1.5 Stadt und statt 18
Checkliste 20

2 Groß- und Kleinschreibung 24
2.1 Aus Kleinschreibung wird Großschreibung 24
2.2 Zeitangaben – groß- oder kleingeschrieben? 29
Checkliste 33

Grammatik und Zeichensetzung

3 Satzglieder und Beifügungen 38
3.1 Adverbiale Bestimmungen 38
3.2 Attribute (Beifügungen) 43
Checkliste 47

4 Das Verb im Satz 50
4.1 Genus Verbi (Aktiv und Passiv) 50
4.2 Modalverben 55
Checkliste 60

5 Satzlehre 64
5.1 Die Satzreihe 64
5.2 Das Satzgefüge 68
5.3 Der Fragesatz – direkt und indirekt 73
Checkliste 77

6 Zeichensetzung 80
6.1 Das Komma bei Appositionen, Partizipgruppen, Anreden und Ausrufen 80
6.2 Das Komma bei Aufzählungen 83
6.3 Das Komma in Satzgefügen 86
Checkliste 88

Verfassen von Texten

7 Beschreiben (Personen, Vorgänge, Versuche) 94
8 Berichten 102
9 Erzählen 106
Checkliste 116

Umgang mit Texten

10 Fabeln 122
11 Lügengeschichten 126
Checkliste 134

Lösungen 142

Register 186

Inhalt Training Deutsch 5. Sj. 188

Quellenverzeichnis 191

Alle Tests auf einen Blick		Seite
1	Konsonanten	21
2	Groß- und Kleinschreibung	34
3	Satzglieder und Beifügungen	48
4	Das Verb im Satz	61
5	Satzlehre	78
6	Zeichensetzung	89
7–9	Verfassen von Texten	118
10–11	Umgang mit Texten	135

Quellenverzeichnis

S. 35, 154	nach David Burnie: Das visuelle Lexikon der Pflanzen und Tiere, Gerstenberg Verlag, Hildesheim 1999.
S. 56, 61, 161 f., 163	Gaby Falk: Aufruhr im magischen Alphabet, Verlag Michaela Naumann, Nidderau 2004.
S. 58, 162	Eduard Klein: Wie viel Glück braucht der Mensch? in: Der Geschichtenkalender 1989, hrsg. v. Klaus Steinhaussen, Greifenverlag zu Rudolstadt 1989.
S. 59, 162	Angelika Mechtel: Aus dem Tagebuch an meine Töchter, in: Geschichten 7./8. Schuljahr, Diesterweg Verlag, Frankfurt/M. 1990.
S. 80	Babrios: Der gute Rat, in: Paul Alverdes (Hrsg.): Rabe, Fuchs und Löwe. Fabeln der Welt, Ehrenwirt, München 1962.
S. 90, 172	nach Marliese Arold: Der frostige Fridolin, in: Dirk Walbrecker (Hrsg.): Hundertzwei Gespensterchen und andere Gespenstergeschichten. Ars edition, München 2002.
S. 100	Franz Hohler: Die blaue Amsel, aus: Hans-Joachim Gelberg (Hrsg.): Was für ein Glück. Beltz Verlag, Weinheim 1993.
S. 117	aus: Computer-Bild 8/2006.
S. 117 f., 180	Claus Gigl: Von den ersten Menschen bis zum Römischen Reich, Ernst Klett Schulbuchverlage, Leipzig 2006.
S. 119 f., 181	Floh / März 1996, Domino Verlag, Günther Brinek GmbH, München 1996.
S. 122 f.	Kathrin van Booth: Ein Kindheitstraum geht in Erfüllung, in: Klaus Ruhl (Hrsg.): Treff Jugendbuch 1992, Velber Verlag, Seelze 1992.
S. 125	Susanne Kilian: Träumen, aus : Hans-Joachim Gelberg (Hrsg.): Der fliegende Robert. 4. Jahrbuch der Kinderliteratur, Beltz & Gelberg, Weinheim, Basel 1977.
S. 127, 132 f., 183	aus: Brüder Grimm: Kinder- und Hausmärchen in 2 Bänden, hrsg. von Heinz Rölleke, Diederichs, Köln 1982.
S. 130	Eduard Mörike: Sämtliche Werke und Briefe, Cottasche Buchhandlung, Stuttgart 1954.
S. 134 f., 184 f.	Barbara Dieck: Klassenfahrt und coole Typen, Kerle-Verlag, Wien 1995.
S. 140, 187	Wilhelm Busch: Gedichte. Hrsg. v. Friedrich Bohne, Diogenes Verlag, Zürich 1974.
S. 142 f.	Eveline Hasler: Der Ha-Ha, aus: K.-H. Seyler: Literaturformen im Unterricht – Erzählung, pb-Verlag, Puchheim 1990.